JN120210

ひきこもりの理解と支援

孤立する個人・家族をいかにサポートするか

高塚雄介 編
Takatsuka Yusuke

遠見書房

まえがき（刊行にあたって）

　ひきこもりに関する研究論文や書物は2000年代に入ると数多く出されている。それなのに今さらひきこもりについて特に新しい考えや内容が示されない限り，あまり関心が持てないと思う人が少なくないだろう。にもかかわらずあえてこの本を出すことにしたのは「ひきこもり」という現象の背景に何があるのかということについて，あらためて考える機会を提供したいと考えたからである。そのように思ったのは，2019年5月，平成から令和に元号が変わり，世間が何となく新しくなった雰囲気に包まれていた頃に，人々を震撼とさせる事件が相次いで起きたことによる[1]。その事件の加害者と被害者がともにひきこもりであったと報じられ，その内容が詳しく報じられるにつれ，ひきこもりは犯罪と結びつく危険な存在であるという認識があっという間に広まった。さらに事件の当事者となったのが，40代，50代というかなり年齢が高い層であり，高年齢者のひきこもりに関する全国調査の結果や，ひきこもりに関する8050問題というのが，多く報じられたのと軌を一にして起きた事件であった。ひきこもりが若い人たちだけの問題ではなくなってきていることが，人々に突き付けられたと言ってもいいのだが，いわゆる8050問題というものをそのまま受け止めていいのだろうかという疑問もある。

　この本の執筆者の多くは日本精神衛生学会に所属している。学会としては約30年前からひきこもりの問題に取り組んでおり，筆者は東京都が実施したひきこもりの実態調査や内閣府が実施した全国のひきこもり実態の第一回目の調査に関与している。精神衛生というのは今日では精神保健という用語に等しいと考えられ，どちらもメンタルヘルス（心の健康）と呼ばれている。しかし，この学会を立ち上げた土居健郎は精神衛生の見方は精神保健とは少し異なると指摘している。精神保健がどちらかというと医学的視点から心の

---

1)　2019年に相次いで発生した事件。神奈川県川崎市で登校途中の小学生など2人を殺害し自殺した51歳の人間が引き起こした事件と，その事件をきっかけとして起きたとされる元高級官僚が44歳の息子を刺殺した事件。どちらも当事者がひきこもりであったと公表されている。

健康をとらえようとするのに対し，精神衛生は心の健康には，生きている地域社会が有している文化や伝統，価値観との関連をどう見るかが大事であるという。この考え方を引き継いだ吉川武彦（元）国立精神保健研究所所長と，その後で理事長職を引き継いだ筆者もその考え方を大事にしている。

　この本を読んで頂けるとわかると思うが，ひきこもりに対する見方も，対処の仕方も各執筆者によって微妙な違いがある。そこにひきこもりの対応の難しさが存在している。

　ひきこもりの理解や対応を難しくさせている要因の一つとして，さまざまな対応する機関や専門家の見ている対象が少しずつ異なっていることがあげられる。精神保健福祉センター，教育相談センター，医療機関，大学や企業のカウンセリング・ルーム等，医師や臨床心理士が対応していると言っても，そこで扱うひきこもりの当事者はそれぞれの機関により少しずつ異なっている。ひきこもり当事者には会えずに家族や周辺の人から聞く内容からの認識も少なくない。医療ならば問題にされるエビデンスが明確にならない。筆者はいろいろな機関で勤務したことがあることからそのことに疑問を持っていた。どうしても自らが対応したひきこもりを軸に概括しやすい。そこに微妙な違いが生まれるのだが，ひきこもりという状態像だけが問題にされるとなかなかその違いに関心は集まらない。実はいろいろなタイプのひきこもりに接しているのは非専門家により対応が図られている民間の支援機関やそこで働く人たちであろう。ひきこもりという状態像だけで引き受けざるを得ないのだが，実際に対応していくとかなり違いがあると多くの現場から聞かされた。臨床というのは「見立て」から始まるのだが，民間の支援機関には見立てができる専門家を置いているところは少ない。経費的な問題がそこにはある。

　ひきこもりとみなされた若者が起こしたとされる事件が注目されるのは今に始まったことではない。1990年に誘拐された少女が9年間に渡って犯人の自室に閉じ込められた事件が2000年に発覚したが，この事件の犯人が今日でいうところのひきこもりではなかったかとみなされた。同居する母親は少女が息子の部屋に監禁されていることを知らないまま，働くことをしない息子のことを案じてさまざまな公的相談機関や病院などに相談をくりかえしていたという。しかしどこに行ってもここの管轄する問題でないとか，しばらく様子を見ましょうという答えばかりで，何の手立ても打たれなかったの

だという。そのことが明らかにされたことにより，これでは相談機関が存在している意味が問われるということから，各省庁の枠を越える役割を担う内閣府が全国の青少年の相談を受けている機関の実態がどうなっているかを調べることになり，その委員長に筆者が委嘱された。全国のさまざまな公的相談機関がどのように連携を取っているかということが調査の主たる課題であった。結果は当時も形式的な連携組織は地域ごとに存在していたが，実態は無きに等しいということが報告された。この調査結果を受ける形でその約10年後に「子ども・若者育成支援推進法」という法律が制定され，若者世代の育成にはさまざまな組織や人が連携してあたることが義務付けられたのである。筆者はその法律により「いじめ」や「ひきこもり」それと増加しつつある「虐待」を受けた子どもたちなどへの支援策が進むだろうと期待した。しかし「虐待」については地域連携組織というものが機能するようにはなったが，いじめやひきこもりに関しては，中心が厚労省になるのか，はたまた内閣府かそれとも文科省あるいは法務省なのかというまさに縦割り行政の主導権争いがあり，なかなか方針の一元化が図られてはいかなかった。

その後も関西で起きた小学校内での殺りく事件であるとか，秋葉原で起きた通行人殺りく事件の犯人がひきこもり予備軍的存在であったということから，ひきこもりと犯罪とが結び付けられる論調が相次ぎ，ひきこもりは犯罪をもたらしやすい怖い存在としての認識が一部にずっと受け継がれてきたことは事実である。

肝心な「子ども・若者育成支援推進法」も最近では子どもの貧困対策に関心が移ってしまっている。貧困問題は重要な課題ではあるが，「子ども・若者育成支援推進法」制定の趣旨がどうも理解されていないのではないかと思えてくる。

日本精神衛生学会では研究会を組織し，ひきこもりの実態を明らかにするように努めてきたが，ひきこもりが生まれる背景に若者の意識の屈折があるととらえてきた。

この本はひきこもりと犯罪との関連を論ずるためでも，ひきこもりの高年齢化を論ずるために書かれたものでもない。ただあらためてひきこもりとは何かということを専門家のみならずひきこもりの当事者や一般の方々に考えていただく機会を提供したいとの思いから生まれた。専門家向けの素材を提供されている遠見書房さんに，出版の社是とはいささか異なる出版物の刊行

を依頼したところ快く引き受けていただき深謝に堪えない。多くの方々に関心を持っていただけると幸いである。

　　　　　　　　　　　　執筆者を代表して　　高塚雄介

目　　次

7

第2部　これからのひきこもり支援

第3部　ひきこもりのさらなる理解に向けて

第 1 部　ひきこもり再考

「ひきこもり」対「自立」でよいのか

リカバリーの視点から

影山隆之
（大分県立看護科学大学）

1．「ひきこもり」はどのように語られてきたか

　「ひきこもり」とはどういう現象か，いろいろな資料を読み比べる時，かすかな戸惑いを感じる。当事者の声がわかりにくいのは致し方ない面もあるが，それを代弁すべき報告でも少しずつ何かが異なっていて，なかなか全容がつかめないような印象なのだ。序章では，これまで「ひきこもり」がどう語られ，どう論じられてきたかを概観しながら，読み落としがちな視点を確認してみたい。

　日本の「ひきこもり」論の歴史は，石川（2007）や，齋藤ら（2012）の文献に詳しく整理されているので，要点を拾ってみる。1980年代には若者の無気力，スチューデント・アパシー，退却神経症などのキーワードが話題となり，1990年代になると不登校との関係が注目され始めた。ただし，不登校から始まる「ひきこもり」はさほど多くない（高塚，2017）という見方もある。早くからこのテーマに注目してきたのが富田（1995，2002）であり，さらに「ひきこもり」支援の先駆者である斎藤の著作は，広く一般読者に知られるようになって，社会的関心を呼んだ。斎藤（1998）は「ひきこもり」に至る心性を考察するために，「20代後半までに問題化し，6カ月以上自宅にひきこもって社会参加しない状態」かつ「他の精神障害が第一の原因とは考えにくいもの」を「社会的ひきこもり」と呼んだ。しかしそれ以後，これが一つの診断基準であるとか，「精神疾患に起因するものはひきこもりでない」とか，「ひきこもりには病理性がない」とかいう誤解も生じた（近藤，

2006)。実際,「ひきこもり」が長期化する中で精神疾患を生じる場合もある
し,原因たる精神障害（mental disorders）の有無を当事者や家族が診断でき
ないことはふつうなのだが。さらに 1999 年には,「ひきこもり」と見られる
人の親の会も設立された（第 8 章参照）。ところが 2000 年になって,立て続
けに起こった重大事件の加害者が「ひきこもり」状態にあったと報じられ,
あたかも「ひきこもり」状態にある人すべてが犯罪予備軍であるかのような
言説が出現した。

　この後,①厚生労働省を中心とする研究班が集中的に検討する一方で,②
ジャーナリストや社会科学系研究者による報告も多数出版された。国際的に
も「ひきこもり」（withdrawal）は,日本独自の現象なのではないかと語られ
ている。海外での議論はさておき,本節では②について振り返り,①は次節
で見ることとする。

　②の著者は通常,治療者／支援者ではない。評論家（芹沢, 2002）の著作
もあるが,ここでは典型例として社会学者（荻野, 2013）のエスノグラフィ
ーを見よう。荻野は「わたげ」という名の活動に参与観察し（第 6 章参照）,
「ひきこもり」当事者から聞き書きをした。当事者たちは,自分が常にまなざ
しを向けられていると意識し,場面適合的に振る舞えないことの不安・恐怖
を感じ,自分をよく見せたいと焦りを感じ,振る舞い方のマニュアルを頭で
考え,世の中の基準を意識してしまう。だが上手く行動できなかったと悩み,
負い目と後悔と不全感に充ちた失敗感に囚われ,優勝劣敗の世の中にあって
「自分は甘えている？　わがまま？　逃げている？　ずるい？　弱い？」と劣
等感に苛まれる。それは決して,「働けば世間で認められる」と考えて踏み出
せるような状況ではない。自分でも自分を説明できず,自分とどう係われば
いいのか,だが相談・治療が必要だとは思いたくないという,〈どうしてい
いかわからない感〉だけに支配されている。もちろん荻野は,「ひきこもり」
の背景が多様であることを承知の上で,その一部を紹介するとして,謙虚な
姿勢で報告している。

　こうしたリアルな語りからは,当事者の多くが,「ふつうに」働き「ふつう
に」結婚しなければいけないという規範に束縛されていることを感じる。こ
の規範は必ずしも不合理とは言えない。生態学者によれば動物の個体群が存
続するためには,食べ物を確保する活動（production）と,次世代を産み育
てる再生産（reproduction）の二つが不可欠であり,これは上の規範と重な

る（ただしこれは個体群としての話であって，個体レベルでは働き蜂と女王蜂が前者と後者を分業するシステムもあるし，他の個体に比して怠け者の働き蟻も存在するのだが）。そして，規範と自分との間の葛藤は，多くの子どもや若者が経験するところでもある。その限りにおいて「ひきこもり」当事者は特別な人ではないとも見えるし，この束縛力と本人の力のバランスが問題なのだろうかとも考えたくなる。もしこうした語りを表面的に読めば，その延長上で「要はしつけや教育の問題だろう」とか「病気でなければただの甘えだ，引っ張り出して鍛えるべきだ」とかいう発想が生じてくる可能性もある。

2.「ひきこもり」はどのように論じられてきたか

　精神保健福祉の「専門家」による議論に目を移そう。厚労省は 2000 年以降，「ひきこもり」に関する「専門家」による研究班を，立て続けに立ち上げた。最初の伊藤班は「ひきこもり」を，「6 カ月以上にわたり社会参加ができていない人」から「家族以外と親密な関係がある人」や，「統合失調症や知的障がいをもつ人」を除外したものとして捉えた。しかし，最終的にまとめたガイドライン（伊藤，2004）ではむしろ，除外基準を示さずに「ひきこもり」の多様性を強調するようになった。このガイドラインは精神保健福祉センターや保健所にとって指針となり，「ひきこもり」を精神保健福祉活動（保健・医療・福祉サービス）の対象として位置づける根拠となった。

　その後，井上班に続く齋藤班では，精神保健福祉センターに相談があった「ひきこもり」事例のほとんどが精神医学的診断基準に当てはまったと報告された（近藤，2006）。この診断を大別すると，1）統合失調症など薬物療法が有効な群，2）発達障がい・知的障がいなど治療よりも福祉の対象となる群，および 3）その他の診断が付く群で心理社会的支援が必要かもしれないもの，が各 3 分の 1 だったという。この区分自体は妥当と思われる。ただし吉川（2010）は，こうした相談で把握される「ひきこもり」は偏った集団であり，精神障害を有するケースが多く見えるが，それ以外の「ひきこもり」はもっと多いはずだと指摘した。

　前後して，川上ら（2007）の一般住民調査では，「ひきこもり」を「仕事や学校にゆかず，かつ家族以外の人との交流をほとんどせずに，6 カ月以上

続けて自宅にひきこもっている」状態と定義した。これを経験したことがある人は20-64歳の1,780名中39名（2.20％）で，その半数が精神医学的診断基準に当てはまったという（診断は気分障害や「アルコール乱用」「全般性不安障害」など非常に多岐にわたる——診断基準に当てはまった割合が近藤ら（2006）の調査よりも低いのは，吉川が指摘した偏りの有無によるのかもしれない）。さらに，2011年度の調査対象者526名で見ると，調査時に3名（0.56％）の「ひきこもり」が見出された。この割合を全国の世帯数に乗じて，全国では約28万世帯に「ひきこもり」の子どもがいると推計された。この数字はしばしば引用されるが，もし3名ではなく2名または4名だったら，推計値は大きく変わることに要注意だ（推計値28万の95％信頼区間は6〜81万と幅広い）。つまり，28万という数字に過大な意味を持たせるべきではない。

　前記の齋藤班の成果は，「ひきこもりの評価・支援に関するガイドライン」としてまとめられ（齋藤，2010），現在もっともよく参照される資料の一つになっている。ここでは当事者が精神疾患かどうかだけでなく，発達障害，パーソナリティ障害，「ひきこもり」のステージ，環境，診断と支援という観点から，多軸的な評価が必要だとされている。さらに，「ひきこもり」が生じるメカニズムの包括的アセスメントでも，「ひきこもり」に関連する情緒体験・症状，その基盤となる発達・パーソナリティ特性，心理的資質と防衛機制，身体的問題，環境要因，社会的機能という側面からの，多軸的評価が提案されている。決して就学・就労だけを支援のゴールと考えてはいない。

　ところが，このガイドラインに関する厚労省のプレス発表を読むと，「ひきこもり」の原因は多様としながらも，「未診断の統合失調症が含まれている」可能性と，「できるだけ早く当事者の来談・受診を」という二点が強調されており，ガイドライン本文とはニュアンスが異なるようにも感じる。厚労省という役所のスタンスとしては，とにかく「ひきこもり」には治療や支援が必要で，精神障害として診断できる事例を見逃さず，治療や支援を行うべき，と一貫して考えているようだ。厚労省は2009年以降「ひきこもり対策支援事業」として，各地にひきこもり地域支援センターを設置するとともに，ひきこもり支援に携わる人材の養成研修や，ひきこもり支援拠点（居場所，相談窓口）づくりを進めてきた。各地の行政を軸とした「ひきこもり」支援については，第4，5章で詳しく述べる。

　一方，労働行政的には「ひきこもり」をニートという観点から捉える見解もある。ニートは若年無業者とも訳され，英国で 1999 年以降よく使われるようになった "Not in Education, Employment, or Training" の頭文字だ。2002年の内閣府調査ではニートと思われる若者が 85 万人，2005 年の労働経済白書でも 64 万人と報告されている。そこで厚労省は 2006 年以降，地域若者サポートステーションを各地に開設し，"働くことに悩みを抱える若年無業者" の職業的自立を促そうとしてきたが，その認知度は決して高くない。ここで，もし「ひきこもり」とニートを同義と考えてしまえば，「ひきこもり」支援の主なゴールは就労ということになるし，そのための支援機関はネットで容易に検索できる（この考え方の問題点は第 1 章で取り上げる）。就労については，「ひきこもり」事例を支援する「専門家」の間でも，さまざまな見方がある。斎藤（2018）は，「ひきこもり」は社会－家族－個人というシステムの乖離であり，「三つのすべてに係わる就労支援を入り口にする支援はそれなりに意味がある」という。将来に不安があってもまず働くことを通じて「大丈夫」と伝えたい（成澤，2018）との意見もある。文字通りには「ひきこもり」支援のゴールは人間関係の回復なのだが，就労で人間関係が作れる（元気になる，挑戦できる，家族が健康的になる）とか（木村，2018），「いる」のがつらいときに何か「する」ことがあるのは役に立つ（東畑，2019）という面は確かにある。だが実際には「働きたいが，まずは今後の方向性について考えたい」という事例も多く（工藤，2018），人間関係が先か，就労が先か，というジレンマが問題にもなる。問題は，人権侵害も厭わないような方法で強引に当事者を連れ出したり，施設に監禁したりする有害な「自立支援業者（引き出し屋）」がネット検索で上位になるという現実だ（木村，2018）。

　その後，日本臨床心理士会が監修したガイドライン（江口，2017）は，齋藤班の本来の成果をふまえてバランスの取れた編集になっている。一義的には心理専門職を読者として想定しているためだろう，心理的支援が必要な「ひきこもり」事例については，精神医学的な理解だけでは不十分なことが強調されている。「ひきこもり」と不登校やニートとは異なる概念であること，現代日本の学校教育や価値観との関連，虐待やトラウマという観点の必要性，等を確認した上で，「ひきこもり」という状態の背景に何があるのかを事例ごとに見きわめるべきだと強調し，「ガイドライン 2010」を引用して包括的な

アセスメントを提案している。一つのマイルストーンである。

 ## 3. 「ひきこもり」から引き出された力

　「ひきこもり」について知りたい時，1節のような文献を読むか，2節で見たような資料を読むかで，印象が大きく異なるだろう。どちらも間違ってはいないのだが，後者では当事者の実像が見えず，どうしても，「ひきこもり」の当事者は困っており，治療や支援を必要としている人だという印象を感じてしまう。この見方だけではいけない，と筆者が思わされた自験例を紹介する（プライバシーに配慮して，説明は改変してある）。

　かつて筆者は，都会から遠いE町の公立病院で，月1度の精神科臨時外来に携わっていた。医師は毎月交代するが，同行するコメディカル職は何カ月か続けて行くことになっていた。精神科では病識がない患者も多いので，この病院としては例外的に訪問診療にも行った。保健所からの紹介例では，同行する保健師がまず敷居をまたぎ，本人や家族の同意を得てから初めて病院スタッフが中に入る。逆に，病院に直接依頼があったケースでは，必要に応じて後から保健師を紹介し，翌月の臨時外来までの間の保健師訪問や相談対応を依頼することもある。こうした"振り付け"は，コメディカル職の役割だった。

　男性青年Sさんの場合，まず家族から訪問依頼があった。家族の話から推測すると，おそらく統合失調症で，幻覚妄想の影響下で自室に閉じこもっているのではないかと思われた。とにかく家族も2年以上顔を見ていない（食事を自室の外に置いておくと，いつの間にか食べて食器だけが残されている）。案の定，われわれが毎月いくら襖の外から呼びかけても，反応がない。われわれにできるのは，父親の血圧を測ることくらいだった。

　何度目かの訪問時，父親の血圧を測ると，とんでもなく高かった。医師がとっさの機転で，襖に向かって大音声で呼ばわった。「Sさん！　お父さんはあなたのことを心配しすぎて血圧がものすごく上がってしまいました，このままでは死んでしまうかもしれません！　自分が死んだらSさんの行く末はどうなるのかと思うと，ますます心配で，ますます血圧が高くなるのです！お父さんを，これからいったい，どうしたらよいでしょうか！　あなたのご意見をお聞かせください！」すると驚いたことに，「えぇ…？」とSさんが襖

を開けたのだ。（ははん，そういう“芝居”か…）筆者も即興で筋書きに乗った。「Ｓさん，高血圧には遺伝もあります，もしかしたらＳさんも高いかもしれません。聞けばあなたはあまり運動なさっていないようだし，タバコもたくさんお吸いになっているというので，心配です。きょうは東京から良い医者が来ているので，Ｓさんも測ってもらってはいかがですか？」たかが血圧測定に良い医者も藪医者もないものだが，Ｅ町の人は「東京の良い医者」という言葉に弱い。Ｓさんは予想外に素直に，腕を差し出した。何と彼の血圧も，20代にしてはかなり高かった。「これはいけない！　お父さんとＳさんが死んでしまわないようにお薬をだしましょう，のんでいただけますね？あとでお母さんに病院まで取りに来ていただくということでいいですね？」「実はちょうど保健所の保健師さんが外にいます。われわれは月に一度しか来られませんが，保健師さんに毎週来てもらって血圧を測ってもらえば，いっそう安心です。ご紹介してもよろしいですか？」彼はすべて同意した。こうして，“幻覚妄想にも高血圧にも効く薬クロルプロマジン”による薬物療法が始まった。Ｓさんの様子は毎月着実に変化した。一人でタバコを買いに行くようになり，家族と食事するようになり，ついに２年後には自分で歩いて病院外来にやって来た（つまり訪問診療の必要がなくなった）。数年後にはすっかり元気になって家業を継げるようになり，喜んだお父さんは家族会をつくって会長となり，作業所をつくるため土地も提供してくれた。

　Ｓさんの場合は，根底に統合失調症という精神疾患がある「二次性のひきこもり」であり，病院チームはそれに対する薬物療法しかしていない。しかし，変化の発端は，お父さんの高血圧を心配する息子の思いやりだった。「あなたの健康が心配なので来ました」ではなく，「お父さんのためにあなたの力を貸してください」と呼びかけたことが，「親の健康について心配できる」という彼の強み（strength）を引き出した。自分の強みを発揮する好機が，図らずも巡ってきたのだ。

■　4．リカバリーと「自立」

　Ｓさんのような人への支援を考える際の枠組みとして，現在重視されているのが，WHO が 2001 年に採択した国際生活機能分類（International Classification of Functioning, Disability and Health, ICF）や，これをふまえた

19

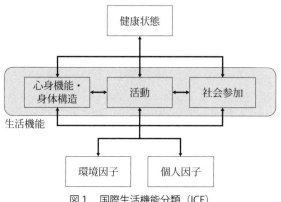

図1　国際生活機能分類（ICF）

リカバリーという考え方だ。ICF の前身である国際障害分類が「疾病の結果に関する分類」だったのに対し，ICF は「健康の構成要素に関する分類」であり，すべての人の「生きることの全体像」に関する "共通言語" だと言われる。人間の生活機能を ICF では（図１），心身の機能・構造～活動～参加という三次元で捉える（ただし活動と参加は分けがたいことも多い）。活動は便宜上９領域に分類する：１）学習と知識の応用，２）一般的な課題と要求，３）コミュニケーション，４）運動・移動，５）セルフケア，６）家庭生活，７）対人関係，８）主要な生活領域，９）コミュニティライフ・社会生活・市民生活。生活機能の３レベルは相互に影響を与え合い，また健康状態・環境因子・個人因子からも影響を受ける。支援や介入で重要なのは活動・参加の向上であり，そのために全体像を見ることと，人間の個別性を見ることが重要だ。

　荻野が出会った当事者は，心身の機能・構造には問題が少なく，医学的診断はつきにくい，強いて言えば世渡りのスキルが低い人だったように見える。だがそれでも，活動や参加のレベルでは不自由が生じており，そこに焦点を当てた支援は必要な場合があった。

　一方，Ｓさんは統合失調症という疾患（脳機能の生物学的不調）があったので，それを改善する薬物療法が有効だった。しかしおそらく本人が気になっていたのは，疾患の症状ではなく，活動領域６）〜９）あたりのこと，特にその将来的な見通しだったのではなかろうか。そこへ訪問診療者が現れ，父親との家庭生活や，Ｓさんの血圧の自己管理に焦点を当てて介入し，環境

因子として保健師を追加したことで，生活に変化が始まり，彼が持つ強みを引き出すこと（エンパワーメント）ができた。障がい者でも高齢者でも「大変そうだから何かしてあげなきゃ」と考えるより，「大変そうだから何かしてもらおう」と考えると，元気を引き出せることがあるのではないか。

　現在，このような精神疾患をもつ人の支援では，脳機能の生物学的治療（主に薬物療法）だけで改善するとは限らない，不十分だということが常識になっている。そこで，さまざまなリハビリテーションプログラムの有効性が検証されてもいる。筆者はこうしたプログラムの考え方が，脳機能に問題がない「ひきこもり」ケースにもある程度適用できるのではないか，と考えている。

　これらのプログラムでは，（障がいがあっても）夢や希望をもち主体的に生きること，自己の能力を発揮できること，充実して生産的な生活を送れること，自ら選択した生活が営めることを，リカバリーと呼ぶ（田中，2018）。たとえ脳機能が完全に回復しなくても，満足感と期待感に充たされ，社会参加や成長を実現する過程で，人生の意義や目的を新たに見つけること，自分の可能性や能力を感じること，自分の強みに着目し自分を信じられるように変容することを，"Recovery in Illness" と言う。例えば，IMR（Illness Management and Recovery）というプログラムでは，参加者がリカバリーシートというツールを使い，「夢や希望，願い」「半年先ぐらいにはできるようになりたいこと」などを考える（内山ら，2016）。人によってリカバリーゴールはさまざまだが，社会との関わり（働いている，仲間がいる等），将来への希望（家庭がある等），アイデンティティの確立（夢や希望がある，生き生きしている等），生活の意味（自分らしい，自己選択している等），エンパワーメントなどの構成要素がある。これに向けて設定したスモールステップを重ねてゆくプロセスを Andresen ら（2003）は，モラトリアム→気づき→準備→再構築→成長の5段階に整理している。実はこのプロセスは，荻野が観察した「ひきこもり」当事者の回復と非常に似ている。表面的な就労や社会参加だけが目標ではないということだ。さらに言えば，「ひきこもり」や「障がい者」でなくとも，すべての人にとって，各自のリカバリーゴールを考えることは，人生のとても大切な作業なのではないだろうか。

　ここで，リカバリーのゴールを「自立」と称する人もいるのだが，「自立」の意味は多様なので（日常生活動作の自立，経済的自立，等々）誤解を招き

かねない。もし「自立」が他者にまったく頼らず生きることだとすれば，そんなことは無理だ。むしろ，自分に必要なケアを一カ所のみからでなく広く薄く調達すること，いわば「依存先を多くもつこと」が「自立」だ（熊谷，2013）と考える方が現実的なのではないか。東畑（2019）は，われわれは誰かにずっぷり依存しているときに「本当の自己」でいられる，お互いに全部自分でやろうとしないで人にやってもらうと「いる」が可能になる，と言う。「家以外に居場所がない状態」で「ひきこもり」になっているとすれば，家の外でも安心して依存ができるようになることで「居場所」が増える，という可能性はあるだろう。

　ただしリカバリーのプロセスは，そんなにテンポ良く進むものでもない。このとき，ある種の診断書を得た人は，障害福祉の制度を利用したり，患者役割を獲得して「休息の権利」を得たりできる。だがそれ以外の多くの人には，現代の日本では猶予がなかなか許されない。それでも，時間がかかる道のりであっても，この道を進めばやがては目的地に達するという"希望の道路地図"を持っていれば，その時間に耐えることができる。「ひきこもり」の当事者や，家族を含む「支援者」「伴走者」が，同じ地図を共有できればよいのだろう。その地図を描くために本書が助けになればと考える。

文　献

Andresen, R., Oades, L., & Caputi, P.(2003)The experience of Recovery from schizophrenia: Towards an empirically validated stage model. *Australian & New Zealand J Psychiatry*, 37(3), 586-594.
一般社団法人，日本臨床心理士会監修，江口昌克編（2017）ひきこもりの心理支援―心理職のための支援・介入ガイドライン．金剛出版．
石川良子（2007）ひきこもりの〈ゴール〉―「就労」でもなく「対人関係」でもなく．青弓社．
伊藤順一郎監修，ひきこもりに対する地域精神保健活動研究会編（2004）地域精神保健におけるひきこもりへの対応ガイドライン．じほう．
川上憲人（2007）平成16〜18年度厚生労働科学研究費補助金（こころの健康科学研究事業）こころの健康についての疫学調査に関する研究総合研究報告書．
吉川武彦（2010）精神医学から見た「ひきこもり」―内閣府が実施した本調査とこれまでのわが国における「ひきこもり」調査の差異に触れて．（内閣府：若者の意識に関する調査（ひきこもりに関する調査）報告書（概要版）（https://www8. cao. go. jp/youth/kenkyu/hikikomori/pdf/gaiyo. pdf）
木村ナオヒロ（2018）家族の再生とケアとしての就労．In：斎藤環ほか監修：ケアとしての就労支援．日本評論社，pp.72-79.

近藤直司（2006）青年期のひきこもりをめぐる臨床研究の課題．児童心理学の進歩，Vol. 45, 162-183.

工藤啓（2018）就労支援のジレンマを超えて―若者と社会をつなぐ．In：斎藤環ほか監修：ケアとしての就労支援．日本評論社，pp.24-31.

熊谷晋一郎（2013）ひとりで苦しまないための「痛みの哲学」．青土社，pp.151-191.

成澤俊輔（2018）「大丈夫」と伝えることから始めよう．In：斎藤環ほか監修：ケアとしての就労支援．日本評論社，pp.14-21.

荻野達史（2013）ひきこもり もう一度，人を好きになる．明石書店．

齋藤万比古（2010）厚生労働科学研究「思春期のひきこもりをもたらす精神科疾患の実態把握と精神医学的治療・援助システムの構築に関する研究」平成19〜21年度総合研究報告書．

齊藤万比古編（2012）ひきこもりに出会ったら―こころの医療と支援．中外医学社．

斎藤環（1998）社会的ひきこもり―終わらない思春期．PHP研究所．

斎藤環（2018）ケアとしての就労支援．In：斎藤環ほか監修：ケアとしての就労支援．日本評論社，pp.2-11.

芹沢俊介（2002）引きこもるという情熱．雲母書房．

高塚雄介（2017）ひきこもりの現状における支援と課題．In：一般社団法人 日本臨床心理士会監修，江口昌克編：ひきこもりの心理支援―心理職のための支援・介入ガイドライン．金剛出版，pp.13-23.

田中英樹（2018）精神障害者支援の思想と戦略―QOLからHOLへ．金剛出版，pp.23-50.

富田富士也（1995）仕切り直しの巡礼―登校・就職拒否．柏樹社．

富田富士也（2002）引きこもりから旅立つ10のステップ．講談社．

東畑開人（2019）居るのはつらいよ―ケアとセラピーについての覚書．医学書院．

内山繁樹・塚田尚子・阿部榮子・片岡恵美・永瀬誠（2016）地域に暮らす精神障害者の2年間にわたるIMRプログラム（Illness Management and Recovery：疾病管理とリカバリー）の実践．関東学院大学看護学会誌，3(1), 15-22.

あらためてひきこもりを考える

高塚雄介

（明星大学名誉教授）

 ## 1．ひきこもりはなぜ起こるのか

1）はじめに

　日本にひきこもりという現象が目立つようになってから，すでにかなりの年月が過ぎている。ひきこもりというのは，単なる一つの状態を指し示す言葉でしかない。そこがひきこもりの理解と対応を難しくさせている。統合失調症などの精神疾患に罹患した人たちには，withdrawal と呼ばれる病態像が見られるが，従来はこれをひきこもりと呼んできたことはよく知られている。それはあえて言うならば無為無策とも見られる行動を示し，社会や周辺の人間に対する関心を失い，周囲の人間とも会話すらしなくなっていく病態像である。

　このためひきこもりが取りざたされ始めた頃は，ひきこもりは統合失調症が未発症ないしは，ある種の精神疾患が隠れているのではないかと考える精神科医が多くみられた。これに対して，このような精神の病気とは無関係のひきこもりが存在すると問題を投げかけたのが精神科医の斎藤環である。彼は長年にわたり多くの不登校児たちを見てきた中で，やがて彼らが長じてからも社会性を持たずにいわゆるひきこもり化していくことを提示した。彼はそれを「社会的ひきこもり」と呼んだ。それ以来ひきこもりは病気なのかそうではないのかという議論の応酬が長いこと続いた。「社会的ひきこもり」とされた，病気とは異なる存在があるという見解には私も当初から同意をしている。ただ，このネーミングでよかったかという疑問は常に有していた。な

ぜならば，病気であろうがなかろうが，どちらもやがて社会的行動から遠ざかり，状態像としては「社会的ひきこもり」と呼ぶに等しい存在になっていくからである。医療的な対応とそれとは違う対応とが区別されず，ひきこもり対策が足踏みをする事態を招いてしまったと思う。

　精神疾患を有する人たちが見せる「ひきこもり」に対しては，病院や作業所などさまざまな医療・福祉関係の現場で，多種多様な集団精神療法が治療行動として取り組まれてきた。そのことにより無為無策の状態から脱し，社会性を取り戻した人間は少なくない。しかし，病的負因を持たない，いわゆる社会的ひきこもりの人たちに同じことを試みても，多くはうまくいかなったようである。初期の頃，ひきこもりの公的相談窓口は全国の精神保健福祉センター（以前は精神衛生センターと呼ばれていた）に置かれていた。そのため，そこを訪れたひきこもりの当事者や家族たちは，病気によるものかそうでないかがまだ判然としない段階では，保健所や精神病院などで実施しているデイケアに参加することを勧められた人も多かった。しかし，そういうところで行われているデイケアの内容というのは，何らかの精神疾患を有する人たちを前提として組み立てられているものが多かった。そのため，一度は試しにと思って参加してみたものの，なんで自分がこんなことをやらなくてはいけないんだと憤慨し，二度と顔を見せなくなったばかりでなく，そこを紹介した精神保健福祉センターにも抵抗感を持ってしまう人間も多かった。私が対応したひきこもりの人たちからは似たような話を多く耳にした。

　ひきこもりという現象は「ひく」という動詞と「こもる」という動詞が組み合わされた言葉であるが，そこには極めて主体的かつ意思的な状態が示されているとみなすことができる。いわゆる社会的ひきこもりという人達は，精神の疾患によりもたらされる本人の意思とは無関係のwithdrawalという状態とはそこが異なっている。

2）ひきこもりを生む社会

　それではなぜ，意思的なひきこもりがもたらされるのであろうか。正直言って私は何らかの疾病からもたらされるwithdrawal状態を呈する人たちは，今問題となっている「社会的ひきこもり」とは分けて対応すべきであると考えている。もちろんどんな現象にもいわゆるグレーゾーンが存在する。この人たちをどう見るかというのは難しい問題であるが，あらゆる専門家の知見

を働かせて分別するしかないだろう。

　ひきこもりになる要因にはいろいろあることが知られている。不登校から始まりその延長上でひきこもりになった人もいる。よく指摘されているのは，ひきこもりになる人は人間関係が苦手であるという。確かに私の知るひきこもりのひとたちというのも，人間関係が苦手だという人は少なくない。しかし，ひきこもりの人たちというのはそれならば生まれつきそうした傾向を有していたのかというと，必ずしもそうではない。小さい頃は普通に子ども同士で遊び，よくしゃべったと周囲からは見られていた者も少なくない。それが長ずるにつれ，次第に友達が少なくなり，あまり話をしなくなっていった者も多いという。

　私は日本でひきこもりが取りざたされ始めたころから，どうして日本にこんなにひきこもりが増えているのだろうということに疑問を持ってきた。最近は世界的にもひきこもりが見られるとマスコミなどでは紹介しているが，ひきこもりが目立ち始めた頃は，世界的にはそうした存在はほとんど知られていなかった。イタリアにはひきこもりがいると紹介されもしたが，イタリアは世界でいち早く精神病院を開放した国であり，精神疾患を抱えている人たちが街中で暮らし始めた国である。ということはいわゆるwithdrawalの人たちが，かなり街で生活していたことが推測される。しかし，それ以外のヨーロッパ諸国では，日本のひきこもりを紹介しても，首を傾げられることが多かった。そして次に口にされたのは，日本の若者にはそんなにwithdrawalを見せる精神疾患になる者が多いのかという質問であった。イギリスでは私たちが何回となく「ひきこもり」について話したことから，やがてoxford辞典の中に日本の特異現象として「hikikomori」があると記載された。ただ，当時から日本に隣接するいくつかの国々から，ひきこもりに該当する存在がいるとの情報は耳にした。いずれも日本と同じような社会変化をたどっていると見なされる国々である。

　私はこれまでいろいろ言われてきた，ひきこもりの人たちについて，少し違った角度から見てみたいと思う。それは，いろいろな現象から見えるひきこもりの中核は，実は周囲に「弱さ」を共有してくれる人間関係を持たない人間が多いのではないかということである。本人自身も「弱さ」を見せたがらないし，他者から「弱い」と見られることを嫌がる。それは極めて意思的である。なぜなのだろうか。

　現代社会における行動の価値基準として重視されているのは、「強さ」である。何事に対しても優勝劣敗に対するこだわりが強い。今日の社会ではそれを正当化する競争原理が当然視されている。そしてそれは最終的には人格の評価へと結びつく。日本ではアメリカの精神科診断基準（DSM）に始まるパーソナリティ障害の見方がいつの間にか世間に広まっていった。いとも簡単に人のことをあいつは「自己愛型人格障害だ」などと呼んだりしている。医師が診断として呼ぶならともかく，一般の人が簡単に人の人格をラベリングする世の中がいつの間にか生まれている。今の若い人たちはそれを子どもの頃から心の中に刻み込まれていく。そして他人に負けずに強く生きることを刷り込まれて育てられる。一言で言うならば今の日本は「自己強化型社会」である。学校・企業は言うに及ばず，実は家族が一番強くそれを要求する例が少なくない。子どもの頃から自己強化を強いられて育った者がひきこもりの中には少なくない。ひきこもる者たちに親や家族に対する陰性感情をひきずっている者が多いのはそのせいでもある。ひきこもりの当事者がその状態から脱するにはまずその勝ち負けにこだわる意識を考え直すことが必要であり，それを身近で叩き込んで来た家族がまずこの事の非を認め謝ることが必要であろう。

　自己強化策は学校現場においても著しい。今，教育において重視されているのが言語的コミュニケーション能力を高めることである。相手より自分の方が勝っていることを具体的に示すのは言葉である。どこまでも自分の言っていることが正しく，相手が間違っていることを示すことが求められる。だから会話は次第にディベートの役割を有するようになっていく。そうして育てられた子どもたちの多くはやがてそれを受け入れていくが，それを受け入れるがゆえに，自分の弱さを表に出すことに不安を覚えていくようになる。自分の弱さを見せることにより自分が周囲からどのように見られるのかということを気にする。周囲に弱さを受け入れ，共有してくれる存在がいない場合はその思いは内側にこめられる。本来はこの弱さを最も受け入れる役割を家族が持っているのだが，現代においては反対に家族が厳しい態度で子どもの弱さを叱責することが多い。それがやがて人間関係を遠ざけ，ひきこもりの状態をもたらしていくのだ。家族がそれを強く求めると，子どもたちはやがてそれが苦痛になっていく。しかし，同時に多くの子どもたちはそれを表には出さない。親が自己強化を要求する理屈はわかるからだ。しかも，経済

27

的にはその親たちからしか支えてもらえないということもわかっている。そこには感謝と反発という矛盾した気持ちが共存していく。ひきこもりになっていく人というのは，話をすると理屈がよくわかっている人が多い。理屈がわかるならば，その理屈に合わせればいいだろうと思われやすいが，そこが違う。理屈は理解してもそれに合わせられない自分にこだわる。理屈からするならば，自分は他人に負けてはならない存在ということになる。ここにひきこもりからの脱出が困難になる原因の一つがある。勝たなければならないというこだわりがある一方で，勝てない自分という存在を受け入れることができないのである。

　今の若い人たちの多くは自分が他人より優れているという評価を他人から受けることへのこだわりが強い。ほんの少し前までは他人より頭がいい（知的能力に長けている）と優越感を有する者が多かった。1980年代〜90年代にかけて大学生や高校生に多く生まれたスチューデント・アパシー（無気力）に陥った者がその典型である。今のひきこもりの前身とも言える彼らの共通点は，他人より勉強がよくできて，偏差値の高い学校に進学し，いい職業につくことが周囲からも本人自身も当然であると考えていたことだ。しかし，そうした考えが通用するのは中学校までであり，自分より優れた能力を有する者がたくさんいる高校や大学に行くとそれは通用しなくなる。まず入学試験の段階でつまずき，たとえうまく合格したとしてもそこには自分より上位の成績を有する者たちが多く存在しており，その中で次第に劣等意識を感じるようになってしまう。また，本当に行きたかったのとは異なる学校に不本意な入学をしなくてはならないという現実に直面する者も少なくない。そこで感じた挫折感から次第に学校から遠ざかるようになりやがて自宅や自室にひきこもりの状態になっていく。これがスチューデント・アパシーと呼ばれる存在である。

　考えてみれば日本でいち早く競争原理が取り入れられたのは学校教育であったと思われる。親も教師もそして本人も他者より優り，よりレベルが高いという評価を得ることに懸命になった時代があった。しかし，バブル経済が崩れ，レベルが高いとされる学校を出て，一流企業と称される地位を確保することがそれほど意味を持つものではないことに対する認識が広まり，さらにいわゆるゆとり教育が始まり，知的学習だけではなく，情操教育の大切さに対する認識が高まるにつれ，単に知的学習ができる・できないということ

へのこだわりは次第に少なくなり，アパシー化する若者も次第に減少していった。世間にはゆとり教育がひきこもりを生んだとする人たちがいるようだが，とんでもない誤解である。ゆとり教育という言葉は当時の文部省が正式な用語として用いたものではない。このあたりの経緯については第2章で触れられている。

　競争を重視する発想は勉強以外にも存在している。スポーツの分野はその代表であろう。しかし，近年のすぐれたスポーツ選手たちは，学校教育において「ゆとり」というものが重視されるようになって以降に多く輩出するようになっている。それ以外でも自分が興味や関心を抱く分野で評価され，認められるということにこだわりを持つ者も増えていった。漫画家になることや，アイドル・タレントになること，将棋や囲碁などで認められることなど，その結果によっては学校に行くことを捨てても構わないという，以前だったら考えられない意識がそこには生まれた。ただその分野で成功して周囲から評価を受けられるようになった者はいいのだが，それを果たせなかった者たちに問題が生じやすい。それは自分が負け組になったことを突き付けられることになるからである。他人はその分野における能力の差と見るが，本人はそれを認めたくはない。現実として自分は負けた存在であるとしか見なせなくなる。自分が本当はそこにチャレンジしていることすら周囲には知られたくない。家族はもとより，学校や社会が人生は勝ち負けだけではない，人間は強さと同時に弱さを持つ存在であることを認めて，その弱さを共有する優しさが求められているのだが，残念ながら今の世の中というのは勝ち組をたたえるが，負け組にはあまり優しくはない。

　私なりにひきこもりに至る心理をここまで見てきたが，実はいじめにより自殺に追い込まれたとされる人間の心理にもこれに近いものが存在していることに気が付くことがある。いじめが辛いから死を選ぶというようなことではなく，ひきこもりになっていく心理と，自殺に至る心理とはよく似ていると思うことがある。このことについてはいずれあらためて触れてみたい。

3）何がそれをもたらしているのか

　どうしてこんな優勝劣敗にこだわりを有する社会になってしまったのだろうか。もう少し別な角度からひきこもる人たちの心理がもたらされる背景を見ていこう。これまでに述べて来たように，私はひきこもる人たちというの

は極めて心理的な屈折感が強く育まれた者たちであると思っている。その屈折感は親や家族からまずもたらされ，そして学校教育がそれを強化していると考えている。あえて批判を受けることを覚悟の上でそれを述べるならば，今日の日本の国是は，グローバリゼーションの掛け声のもとに進められつつある競争原理社会の重視と，それを前提とした人間関係の在り方やコミュニケーションの在り方を子どもたちに築こうとしている。それに馴染めない人間にひきこもりをもたらしていると見ている。私がこれまで対応してきたひきこもりはそういう人が多い。昔から人間関係が苦手な人であるとか，言語的なコミュニケーションを図ることが苦手な人というのは一定程度存在していた。しかし，以前の社会はそのことを人として劣るとしてみなし，社会から排斥するというようなことはあまりしなかった。そしてその人なりに生きていく場が存在した。しかし，社会の近代化と合理化の進行により，その人たちが生きていける場というのはどんどん失われていった。その代わりに現代社会はその人の資質を教育の力で克服することを前提として考案されるようになっていった。その結果教育は人の性格までも作り変えられるという驕りすら抱くようになった。この点においては，私は心理学を専門とする者たちの責任もあると思っている。資質を向上させるという言い方はそれなりの説得力を持つ。しかし人間の性格というのは資質の中で大きい役割を占めているものである。それを作り変えるというのはそんなに生易しいことではない。

　それを課題として取り組むことにより抱えている問題を克服できた者はいい。しかし，全員が克服できているのだろうか。そこに私は疑問を持っている。むしろそうした教育に直面すればするほどその期待に応えられない自分を責めるようになり，次第にそうした教育を受けることに対して苦痛を感じるようになっていく。

　ひきこもりの若者たちの話を聴いていくと彼らの多くが嫌だった教育のスタイルが二つあるという。一つは皆の前で自分のことなどを話すことを求められる，いわゆるプレゼンテーションである。もう一つが少人数で行うグループ学習だったという。どちらも教研集会などでは子どもの自発性・自主性を高めるものとしてその多くは高く評価されている。しかし，ひきこもり化していく者たちの多くは苦痛で仕方がなかったと訴える。グループ学習では発言力の大きい者たちがどんどん仕切り，自分の存在は次第にいてもいなく

てもいいものになってしまう。これにより次第に不登校になっていく者や，中にはいじめの対象になった者もいるという。冷静に考えてみると，プレゼンテーションを行う場合は当事者の資質を見極め，他の生徒から違和感を出させない指導が必要になる。グループ学習の場合はそれ以上に綿密な指導が必要であり，自主性を評価するからといって，子どもたちや個々のグループに運営を任せることがあってはならない。任せておけば自主性が育つなどという安易なものではない。

　こうした教育が強く展開されるようになっていった背景には一つの大きな動きがあったことを知っておくことが必要である。2003年4月に「若者自立・挑戦戦略会議」というものものしい会議が国により設置された。その会議の構成員は文部科学大臣，厚生労働大臣，経済産業大臣，経済財政政策担当大臣が名を連ね，後に内閣官房長官も加わるという国家的方向づけをなすに相応しい顔ぶれにより構成された組織であった。当時はすでにひきこもりの若者が問題視されるようになっており，その背景として国は，働く場を持たない，働く意欲を持たない若者が増加しているとの認識と結びつける形でとらえ，早く手を打たなければという危機感から発足した会議であった。そこではひきこもり＝ニートという認識のもとにさまざまな対応策を講じることが検討されたという。当時厚生労働省では約64万人がその対象であることを報告している。この戦略会議のまとめにより，翌2004年6月に「若者自立挑戦プラン」なるものが公表されている。それをさらに具体化させ，同年12月に「若者の自立・挑戦のためのアクションプラン」が各省庁から打ち出された。例えば文部科学省ではキャリア教育の充実を示し，厚生労働省はジョブカフェの開設や若者自立塾の開設を打ち出している。ここから我が国のひきこもり対策はこの流れの中で講じられるようになっていった。学校教育では特にキャリア教育とは呼ばなくても，働くために身につけるべき課題を各教育項目に取り込むようになり，それがコミュニケーション教育やプレゼンテーション教育の拡充へとつながっていったのである。

4）若者の自立・挑戦のためのアクションプランがもたらしたもの

　学校教育中で課題とされるものはすべからく評価の対象とされる。結果的にプレゼンテーションをうまくできなかった子どもも，グループ学習に積極性が見られなかった子どもも低い成績評価が突き付けられる。その子どもた

ちにとってはこれほどの屈辱感はない。そしてそれはやがて就職面接を受ける際にも評価の基準となる。採用する側が評価するのは学校におけるものと同じである。その結果はいくら就職面接を受けても採用の内定はもらえないということになる。

　学校教育の関係者たちは新しい教育の展開としてみなし，企業関係者はその資質がなければこれからの企業運営は成り立たないと考える。必要な資質を身につけさせることが大切だと考える。それはグローバルな社会の一員として生きるためには必要なことなのであろうと認めざるを得ない。しかし，これらの教育が一部の子どもたちの意欲を失わせ，さらなるひきこもりへと繋がっていることにどれだけ気がついているのだろうか。イギリスにおいては学校とは違う場において助言や指導を行うユース・ワーカーと呼ばれる存在が知られている。その理念を日本にも導入することの大切さは第3章において触れている。

5）社会の近代化と心の在り方の変化

　以前の日本社会では，自分の心の中にあるものを言語化することや，言葉を媒介とするコミュニケーションは苦手な者が多かった。では彼らは他人とのコミュニケーションをとることに抵抗感を持っていたのかというと必ずしもそうではない。今の社会ではコミュニケーションというと言語的なものを思い浮かべるが，じつは非言語的なコミュニケーションというものも大事であることを忘れているのではないだろうか。相手の言葉にならない思いを見極める力に長けていることは，かつての日本ではむしろ大事にされてきた。これを私たちは「察する」力としてそれなりの評価を与えていた。もともと日本人はこの察する力が蓄えられてきたからこそ，独特の美的感覚を築いてきた民族であったとも言えるだろう。今の時代は察するということは「忖度」することであるかのように考えられやすいが，「忖度」とは自分の利害に関わる発想であるのに対し，「察する」というのは，言葉にならない相手の思いを何とか分かろうとすることで，当時はそれなりのエネルギーを注いでいた。ひきこもっている人たちの多くからは，今でもその感覚が生きていることを感じさせられることが多い。今の時代は「察する」などというのではなく必要なことをきちんと「言語化」することが大事であるとされる。欧米社会ではそれが当然とされ，早くからそれを可能とする教育が行われてきた。心の

中にあるものを明確に言語化することで人間関係は向上すると考える人たちが日本でも増えている。その考え方は間違ってはいないだろう。

　しかし一方で最近は空気が読めない人間が増えていると指摘されることがよくある。空気を読むということはその場を支配している考えを読むことができるということなのだろうが，支配している考えを読むことに抵抗感を持つ人も実は存在している。彼らはあえて読もうとはしない。その場を支配している考えを読むということは実は感受性の有無が問われてくる。しかし言語化が求められる社会というのは，ともすると感受性が乏しい人間，すなわち言語化されていない心の内を読み取れない人間を増やしていることがあると筆者は感じている。たとえ普段と子どもの様子が違って見えたとしても，言いたいことがあればはっきり言いなさい，そうでないならお母さんも忙しいのだから，あっちに行ってなさいですましてしまったりする親が多くなっている。子どもの心の中に生じている微妙な変化を読もうとしない。こうした心が読めない人間がむしろ増えている気がする。逆にひきこもる人たちの多くは察する力に長けている者も多い。つまり空気を読める感受性が高い人がむしろ多いような気が筆者はしている。その場を支配している雰囲気をキャッチするという点では空気を読む力は持っている。ただそれだけにとどまらず，その中でこの人はそれに忠実であろうとしているのか，逆に異を感じている人なのかを峻別する力を持っている。それを可能にしているのが察する力なのである。であるだけに簡単には動けなくなってしまう。誰かと親しくなることはどちらかに組することになりかねないことをむしろ懼れる。空気が読める人間であるということは，多数の意見に沿うことに忠実であるということになるが，一方では反対の立場にいる人間から疎まれたくもない。そうした二律背反的な複雑な気持ちでいる。そこでは一歩身をひいた立場でいようとする。多数決が優位とされ，ディベートが重視される社会の中であえて旗幟を鮮明にして流れに沿うことをしたくないという人間が実は存在しているのだ。そういう人がひきこもりになりやすい。現代社会の価値観からすると情けない，そんな人間がいるのか，それこそ弱い人間と評価されるかもしれない。しかし，以前の日本にはそうした人間が結構いたのだ。

　いずれにせよ，言語的コミュニケーション能力を重視する現代社会においては彼らの評価は低くなりやすい。「言いたいことがあるならはっきり言え」「いじめられているならそう言え」と当たり前のように周囲から浴びせかけら

れる社会において，彼らは居場所を見つけることができない。言われたことにはわかりましたと答えながら，身をすくめるようにして生きている。だから，コミュニケーション能力をつける教育を充実させるのだ，他者とのコミュニケーションをよくするためのグループ学習を多くするのだという発想の現代教育は，彼らにとってはさらに苦痛をもたらしている。しかし，彼らの多くは小・中学時代に不登校にはなっていない。その理由をひきこもりの若者の何人かに尋ねたことがある。それに対して，彼らからはほとんど同じような答えが返ってきた。それは「不登校になるというのは屈辱でしかない。弱い人間だとみなされたくないし親にも迷惑をかける。だから我慢してその場その場に付き合うようにはしてきた。とても苦しかった」という答えである。理屈として理解できることは何とか受け入れようと我慢し続けたのだそうだ。しかし，親も教師もそうした思いをほとんどわからず，できるのかできないのか，他人との比較で叱責されることが多かったという。ひきこもりの親たちはどちらかというと高学歴の者が多い。それだけにその時代の感覚に敏感であり，当然そこに合わさせようと子どもを指導しがちである。子どもの頃はそれが理屈としては分かるゆえに必死で頑張るが，年がいくにつれ息切れするようになる。そこで自分なりの生き方でもいいと感じたところからひきこもりが始まっていく。

6）人材育成ということ

　これからの社会の在り方や，それを担う者たちの教育をどのように進めるかということが，基本的には間違っているとは思わない。その一方でひきこもりになる人間たちがこれだけ増えてきた背景をもっと究明しなければなるまい。コミュニケーション能力を高めることも，人間関係能力を身につけさせることも，これからの社会を生き抜くための自己強化策の一環として位置づけられるのだろう。しかし，これまで，国や支援団体が行ってきたひきこもり化する者たちへの施策は，どちらかというといわゆるニートとして枠づけされた者を除いてほとんど効果をもたらしてはいないと思われる。キャリア教育や就労支援というものが大切であることを否定するものではない。しかし，ひきこもりからの脱出にはそれ以外の対策が本当は必要だったのではないだろうか。自己強化を重視する家族や学校・社会の意識が本当にこれでいいのかということを一度見直すことも必要なのではないだろうか。

　自己強化の結果求められるのが「自立」である。行政も支援団体も多くが「自立」を前面に掲げているが，中核となるひきこもりの人たちにとってはこれが大変な苦痛なのだ。だからといってひきこもりの当事者はそれにあからさまに反発はしない。そうすることでトラブルになることを恐れるからである。これがまたひきこもりの人からすると苦痛であり，相談することそのものに抵抗が起きてしまう。しかし，先ほど述べたようにあからさまに反発することはしない。「弱み」を見せることは恥だと思っているからであろう。総じて言うならば，自己主張は極力抑え，何を考えているかはわからない人が多くなる。あえて言うならばこうした人間を生み出した背景には，理想としてあるべき姿だけを前提として考案された教育の指針を作ってきた社会のエリートたちの責任がある。

7）自立とは何か

　ここで少し自立ということについて考えてみたい。

　人間は成長期の早い段階において二つの課題に直面させられる。最初は身体感覚を統御する力を獲得することである。便意や尿意をもたらした時にトイレに行って自らそれを始末できるようになっていくことで，それまでつけていたおしめから離れることができるようになる。いわゆるトイレットトレーニングであるがこれを自律と呼んでいる。これまで周囲の大人たちに依存してきた排せつの処理が自ら成し遂げられるようになることは生きていくうえで大事な関門となる。その次に直面させられるのが，精神的な自律である。自分の心の中にあるさまざまな欲望であるとか思いの中から一つのものを選択する，いわば葛藤処理能力を身につけることである。しかし，これはそう容易ではない。身体的な自律のように大人たちの指導することに従っていれば身につくこととは違い，自らがやってみて成功したり失敗したりするという体験の中から獲得していく判断基準が必要となる。それが獲得できるようになって初めて自己決定をすることができるようになる。ここから今度は「自立」が始まるのである。自己決定の次に求められるのが，決めたことには責任が伴うという「自己責任」という考え方である。この「自律」「自己決定」「自己責任」が供えられた者を自立した人間と私たちは呼んでいる。思春期から青年期にかけて周囲からは自立という言葉が次から次と求められるが実は現代においてはこれが厳しい。それは判断に迷うということに直面

する機会がどんどん少なくなっているからである。「やりたくないことはやらなくてもいい」「やりたいことをやればよい」という現代社会の価値観は葛藤処理能力をなかなか育まない。そのため，自己決定することへの不安が生まれやすい。自己決定が揺らぐと自己責任を求められてもそれを受け入れることができなくなる。最近の若者の意識として「自己責任」が怖いとする者が目立つ。とどのつまり，自己決定を回避しようとする心理状態がもたらされ，そこにひきこもり化する傾向が作られていく。世間は「自己決定」と「自己責任」をとれる人間を「自立した人間」とみなしているが，その基礎となる「自律」を育む機会を軽視しているのが実は現代社会なのである。

 ## 2．ニートとひきこもり

1）ニートとは何か

我が国においては，ひきこもりはニートと同じであるととらえ，就労の支援を十分に行えばひきこもりは減少すると考えている向きが多い。厚生労働省の考え方も，就職氷河期に就職できなかった者たちからひきこもりがもたらされていると考えている人が多い。先に述べたように「若者自立挑戦戦略会議」が出した方向づけはまさにそれを裏付けている。しかしこうした考え方に精神科医で筑波大学の教授であった小田晋は異を唱え，ニートは労働問題ではないと主張した。彼はひきこもりとニートには深い関係があると指摘しながらもひきこもり＝ニートではないとも指摘した。彼は無批判にひきこもりを肯定することはしないとも述べている。そしてひきこもりはその背景にある日本文化の変質を抜きにしては考えられないとも述べている。精神科医の作田明もこれを支持している。筆者は小田の言うことに多少疑問もあるのだが，彼の提示していることには以前から共感を抱いていた。

我が国ではイギリスで考えられた，いわゆるニートとひきこもりとは同じものであるとしてとらえようとしている。だからキャリア教育であるとか就労支援というものが重視され，対策も多く考案されてきた。ニートとは 1999年にイギリスの労働政権が打ち出した若い失業者対策の考えのもとに生まれた概念である。

イギリスにおける教育制度では，義務教育である中学校は 16 歳で終わる。卒業すると中学校の時に受けた試験の成績により 18 歳から大学に進学する

者と，専門学校に進む者に分かれ，残りの者は就職する。イギリスの専門学
校にはホテルマンになるためのものであるとか，庭師になるものであるとい
った極めて実務的なものが多く，進学者の数はそう多くはない。日本の高校
に相当する学校は存在しない。従って中学校を卒業するとその多くは就職す
ることになる。ところがイギリスは失業率が高く，とりわけ義務教育を終え
た者の就職率は低い。そのため，職にあぶれ，実家から出ることもできずぶ
らぶらする若者が多くみられるようになった。イギリスでは就職と同時に実
家を離れ，自活するようになるのがそれまでの一般的在り方であった。とこ
ろがそれができないまま，親に経済的面倒をみてもらいながら過ごす者が増
えていったのである。しかし，彼らは家にひきこもるわけではない。街を徘
徊し，時として金品を得るために恐喝などの非行行動を呈する者も増えてい
ったという。これではいけないと，当時の労働党政権が彼らをニートと名づ
け対応策に乗り出したのである。しかし，単なる就職支援をするだけが目的
ではなく，中学校まででではやり残していた学習をするための生涯学習を行う
機関として意味づけた。それを実践するために各地にコネクションサービス・
センターを置いた。そこではパソコン学習や，外国語学習，さらに社会問題
であるとか国際情勢について学ぶこともでき，将来の職業選択に役立てるば
かりでなく，国際的なものも含むいろいろなボランティア活動を選択する機
会も提供した。そこから適切な人材が欲しいという企業体があれば，紹介も
した。つまり，就労支援はそこの活動の一環として行われたのである。教育
主体であるからその所管は教育を担当する部局が担っていた。コネクション
サービス・センターには指定大学院で一年間の勉強をしたパーソナル・アド
バイザーという有資格（修士の学位）者が配置された。

　これらの組織づくりや運営は，イギリスで伝統的に機能してきたユースワ
ークと呼ばれる活動を抜きにしては考えられない。どちらかというと貧しい
地域において開設されていたユース・センターは，中学生までの低年齢層青
少年たちが放課後に集い，さまざまな活動や学習，さらには悩みを打ち明け
る場として機能していた。そこには大学で資格を取ったパーソナル・アド
バイザーがいてさまざまな指導に当たった。コネクションズサービス・センタ
ーはユース・センターの対象年齢を拡大したものと言える。それだけに当時
のイギリスでは特に大きな抵抗もなく受け入れられたのであろう。ただしそ
の適用範囲はイングランドとウェールズに限られ，スコットランドなどでは

実施されていない。いずれにせよニート概念がもたらされた背景であるとか，その対象者たちの意識や行動などを見ていくと，日本で問題とされるひきこもりとはかなり違うことは明らかである。イギリスのニートたちのほとんどは仕事をしたいと願っており，行動意欲も高い。それを日本では労働政策の中に取り組んだところに最初の間違いが生じたといわざるを得ない。コネクションズサービス・センターを模して，我が国では「地域若者サポートステーション」が設置されたが，それは生涯学習を行う場としての位置づけではなく，あくまでも就労支援の場としてしか機能しなかった。グループによる対人関係訓練や，コミュニケーション・トレーニングなどを取り入れたところもあるが，それはあくまでも就職しやすくするためのもので，本人が望む自己成長を図ろうとするものではなかった。それはそれで悪いとも言えないが，もともと人間関係の構築や，言語的コミュニケーション力を磨くことに抵抗感を有し，就職することに対して不安や抵抗感を抱いている我が国のひきこもりに対しては，あまり効果のある動きにはならなかったと考えられる。私は何回となくロンドンに行き，コネクションズ・ワーカーや，現地の行政担当者と意見を交換したが，彼らはニートとひきこもりとが仕事を持たないという共通点はあるが，社会性を持たずにひきこもりになっていく心理は理解できないといつも語ってくれた。このイギリスのニート政策は保守党政権に代わってから次第に消えていってしまった。財政に負担がかかり過ぎるというのが理由であるとされる。

　我が国おけるニート化する若者たちはどこか体制順応型であるのに比べると，私が多く見てきたニートとは区別されるべきひきこもりの多くは反体制的とまでは言えないが，時代の要請についていけないタイプが多いと感じている。彼らにキャリア・カウンセリングを受けさせて，何とか就職させようとしてもおそらく無理であろう。それよりはほとんど存在しなくなってしまったが他人と共同して働くことを求められる職域ではなく，一人職場のようなものをもう一度復活させるか，作り出し，彼らに提示する努力をすべきではないか。例えて言えば，合理化の一環として全国には無人駅が次々に生まれつつある。その多くは人の手を入れないまま，ただ物理的に残されているか，管理を地元の有志に任せているところが多い。それを，あえてひきこもり系の人を雇って任せてみる。いわゆる鉄道おたくのような人もひきこもりの人たちには少なくない。無人駅の管理だけを任せるというならば，喜んで

その職を求めてくる人もいるだろう。鉄道会社が経費を出せないならば，国や地方自治体がひきこもり対策費にあてているお金を基金として，新たな事業体として採算を取る方策を考案するまでの間，当てるようにしたらいい。各駅で交代勤務するためには少なくとも3人をあてるようにする必要があるだろうから，全国でかなりの数を雇い入れることが可能になる。こんな発想があってもいいのではないだろうか。今行っている就労支援も結果的には年収が200万円程度の非常勤の仕事が多いのが実情であるという。だとすれば，集団で働く既存の職域にあてはめるばかりではなく，ひきこもりの人に合わせた仕事をもっと開拓すべき時が来ているのではないだろうか。集団で動くことが苦手な人に集団で動くことを前提に教育することには限界があると思うことが必要な気がする。

2）ひきこもりは減少しているのか

　我が国でひきこもりの全国調査の第一回目（「若者の意識に関する調査（ひきこもりに関する実態調査）」内閣府，2010）を筆者が担当した時に，実はひきこもりとニートとを同一視してもいいのであろうか，といった疑問が投げかけられてはいる。ただ当時はそれを問題にはせず，状態像が似ている存在として，ニートをひきこもりの中に含めて調査が行われた。今振り返ってみると，就職をしたいという強い意志を有しているのだがうまくいかずにへたり込んでいる者と，就職そのものに不安や懐疑心を抱いている者とは分けて分析し考察すべきだったと思う。

　この調査は5年後に第二回目（「若者の生活に関する調査」内閣府，2016）が行われた。そして第一回目の調査で浮かび上がった全国に約70万人のひきこもりがいるという推計値が，約54万人に減少していることが明らかになった。内閣府はこれにより，ひきこもり対策が一定の効果をあげたとしている。しかし私はやや疑問を持った。数字を見ていくと第一回目の調査が指摘した，ひきこもりの人たちと同じような考えや体験を有する「ひきこもり親和群」の人たちは14万人増えていたのである。これを見て私は，減った16万人というのは，ひきこもりの中に含まれていたニート層であり，これまでの支援策や経済状況の好転によりひきこもりから外れたのであろうと推測した。ひきこもり親和群が増えたというのは，この減った層が状況が変わればまたひきこもりの中に入り込んで来る可能性が高いのではないかと推測

もした。新型コロナウイルス感染症拡大のなかで再び若者たちの仕事が見つけられにくくなっている。これからまたニートであるひきこもりが増えそうな気もする。私が抱いた疑問はもう一つある。それは前回のひきこもり調査で示された人たちが高年齢化しているのではないかということである。この2回の調査は満15歳〜39歳を対象としていた。ゆえに，第一回目と第二回目の調査の間に40歳以上になったひきこもり者は統計に反映されていない。こうしたひきこもりの実態がきちんと把握されておらずただ減ったということでは納得がいかなかった。家族会などでは以前からひきこもりの問題は福祉の問題としていずれ高齢化した時に問題となると指摘していた。KHJ全国ひきこもり家族会の理事であり，広報を担当しているジャーナリストの池上正樹氏はそうした認識を内閣府に伝え，再調査を求めたそうである。

　そうした批判を受ける形で内閣府は40歳以上を対象とする調査を追加する形で実施することにしたのである（「生活状況に関する調査（平成30年度）」内閣府, 2019）。その調査によると40歳から65歳のひきこもりが61万3千人におよんでいることが判明し，これは15歳から39歳のひきこもり人数約54万人を上回っていると報告した。そしてひきこもりの問題はこれまで若者の問題であるととらえられてきたが，これからは高齢者のひきこもりも一緒に考えていくべきであるとしている。数字だけを見ていくならばそのとおりであろう。しかし，ここでもまた私には疑問が生じた。この指摘のように高年齢者のひきこもりが多く，ひきこもりの問題は若者だけの問題ではないと言って本当にいいだろうかという疑問である。これまでの若い人たちのひきこもりと同じにとらえていいだろうかということである。少なくとも心理的には異なるのではないか。先に指摘したとおり，そもそも国のひきこもりの定義自体がこれまでは若い人たち，それもいわゆるニートを想定したものでしかない。それをそっくり年齢の高い人たちにあてはめて調査をしても一緒に論じるわけにはいかないというのが，私の思いであった。若者たちが見せるひきこもりという現象と，高年齢者が見せるひきこもりという現象の背後にあるものとがはたして同じであると言えるのだろうか。高年齢者のひきこもり調査の結果を見ていくと就職をしていて，定年を迎えたり，中途退職後に再就職ができなかったりした人がかなりいる。さらに結婚している人も多い。高年齢になるほど発症しやすい病気や課題というものを抱えていることが推測される人もけして少なくはないと思われる。

　今回の高年齢者のひきこもり調査によれば，ひきこもりをいつから発現したかという問いに対しては，20 歳〜 24 歳というのが 12.8％，25 歳〜 29 歳というのが 14.9％となっている。つまり高年齢者のひきこもりとされている人たちの中で若年期からのひきこもりを引きずっている人たちというのは約 17 万人であり，それは高年齢者のひきこもりとされた人たちのおよそ 27％にすぎない。第二回目の調査でその 5 年前に示された人数から減少したとされる数字とほぼ重なる。要は第一回目で推定されたひきこもり人数とはそれほど変わらない数字が存在していることになり，年齢が高くなっているだけであることが推理できる。15 歳から 39 歳までのひきこもり人数が確かに減少しているとしても，高年齢層に移行した者たちの存在を考えると，総数はそれほど変わっていないということになる。

　出発点から課題を抱え，働くということにも抵抗感を持つ人が多い，若者のひきこもりとはかなり違う問題がそこからは見えてくる。従来から福祉の課題とされてきた問題が，現象面からするとひきこもりに重ねられているだけのように思えてならない。英国では孤立する高齢者に対応するために孤独担当大臣を置き，孤独化する人々にどう対処するかに取り組むようになった。高齢者に対してはひきこもりとして対処するよりは，英国のように孤独からどう抜け出すかという取り組み方の方がはるかに実態に即しているように思える。

　最初に指摘したように，高年齢者のひきこもりは若い人の発現状態とはかなり異なっていると考えられる。あくまでも就職したいのだが，うまくいかない人に対しては，これまで若いニートへの対応としてやってきたことと同じように就労支援をすればいい。しかし，おそらくこの人たちはいわゆる就労支援をやっても，これまでうまくいかなかったと考えられる。この人たちはもちろんであるが，ひきこもりに限らずある状態に陥った人たちをどうやって理解し，対応策を考えるかというのは，臨床家の人たちにとっては極めて大事な仕事である。

　人の心の歪みが拡大していくきっかけというのは大きく分けると 4 つ考えられる。

　①　不安から離れられない
　②　不満が募る

③　孤独・孤立感に襲われる
④　自尊心が傷つけられる

　この 4 つの悩みというのは誰もが抱くものであろう。多くの場合それは過去の体験や，書物などから得た知見，周囲にいる人達からの慈愛ある助言などから次第に立ち直っていく。しかし，そのいずれも役立てることができないまま時が過ぎていくとやがて心の歪みは拡大し，自分ではどうしていいかわからなくなっていく。弱さを共有してくれる人が周囲にいない人はひきこもりを呈するようになる。若い人は①と②にこだわりやすい。年齢と人生経験が重なる人ほど③と④に対するこだわりが強い。カウンセリングというのは相手の態度や言動をつぶさに把握する中からこの人は何にこだわっているのかということを見つけ出す作業から始まる。
　単なる就労支援ではない，人生をどう生きるかという課題を含む生涯教育の機会として臨むべきであろう。

3）長期化するひきこもりからもたらされる問題
　ひきこもりの長期化に関しても新たな問題が提起されるようになっている。8050 問題というのがそれである。親が 80 歳になりひきこもっている子どもが 50 歳という年代となった場合に起きてくるさまざまな課題が，福祉の立場から提起された。その問題提起は当然であったとしても，その後のマスコミ報道での扱われ方はもっと慎重であるべきだったと考える。
　内閣府による調査の報告を受ける形で多くのマスメディアが，いわゆる 8050 問題を大きく報道した。実はこのことと関連し，まさに高年齢のひきこもりに相当する事件が相次いで起きている（「まえがき」の脚注参照）。そして，あっという間にひきこもりは怖いという認識が広まった。8050 問題というのが，ひきこもりの高齢化問題として報じられるようになったことと，いくつかの事件はやはり関係しているのではないかと私は考えざるを得ない。2 つの事件はいずれも，事件の直前に子どもが一人暮らしをやめて親の家に戻っている。これまで世間の片隅でひっそりと過ごしてきた者たちがなぜここにきて実家に戻ったのかということはもう少し究明されるべきことではないのだろうか。8050 問題の報道さえなければああした事件は起こらなかったのかもしれない。

　8050問題というのは年老いた親が残されたひきこもりの子どもを危惧することだと思われがちであるが，私は少し違う見方をしている。実は危惧を募らせているのはひきこもりと見られている当事者も同じである。私がひきこもりとして見ている者たちは，この8050問題という言葉が飛び交うようになってから不安を募らせている者が多い。彼らは親や家族に対してはそれほど恨み・つらみを有しているわけではなく，むしろ親に対して申し訳ないという気持ちすら抱いている者も少なくない。だからこの8050問題がつきつけられ，自分を責める気持ちを強く有している。あるひきこもりの人は「結局自分の方が先に死ねばいいんですよね……」と口にした。希死念慮とも言うべきものがそこには生まれている。本来であれば自分の方が年老いた親の介護にあたらなければならないことはわかっている。しかし，現実にはそれは不可能である。だからこそ先に述べた通り「自分の方が先に死ぬしかない」という言葉がもたらされてくるのだ。

　問題はそうした親の立場を理解しているひきこもり当事者ではなく，現象としてはひきこもりとみなされている人たちの中で，根深い家族に対する怨念を引きずり続けている人たちである。彼らは親が元気な間は何を要求されてものらりくらりとかわし，むしろ家族からの経済面の恩恵を手に入れようとしてきた。あくまでも力関係は親と対等であるとの認識なので，場合によっては力づくでも親に言うことを聞かせようとしてきた。家庭内暴力を起こしやすいタイプでもある。一方で，その親や家族も子どもにずっと自己強化を強く迫ってきたばかりではなく，時を経ても自分たちの考えがあくまでも正しいことであり，ひきこもる子どもに対して，それを受け止めることを要求し続ける。親としてけして妥協しようとはしない。やっかいなのはこうした親と同居し続けているひきこもりの当事者である。これらの親というのは，どちらかというと学歴が高く，子どもたちにも同等の学歴や社会的地位を身につけることを要求する。まれに好きなようにしていいと理解あるような言葉を口にしながらも，本音はそうではない。子どもをあくまでも支配的にコントロールしようとする。親自身が社会的にバリバリと働いている間は，子どもとの間には常に激しいバトルが渦巻いている。問題は親が高齢化し肉体的な衰えがはっきりし，それが露呈した時である。一見するとひきこもりに見られているが，親に対する恨み・つらみを支えに生きてきた者たちは，相手が弱い立場の人間になったことを見せつけられた時，依存先がなくなると

いう危機感がもたらされる。2019年に発生したいくつかのひきこもりにまつわる事件というものも，そうした認識に立てばある程度理解できる。

　考えてみればいわゆる8050問題というのは高齢化社会が進んでいる日本の，あらゆる問題と関連するもので，ひきこもりの問題に特化されるものではないはずである。その意味するところは，主として年老いた親の介護を担う息子や娘たちの苦悩というところにある。しかし，ともすると年老いた親たちを苦悩させるひきこもりの当事者たちに問題の根があるという認識をもたらしやすい。8050問題という指摘はそうした認識を社会そして当事者に与えてしまったのではないだろうか。そしてひきこもりの当事者の心に新たな歪みをもたらしてしまったのではないだろうか。私が引き受けた第一回目のひきこもり実態調査の際はそのことに一番気を使っていたのは実は内閣府の人たちであった。この種の調査を行うことがひきこもりの人たちの心理面にどのような影響を与えるのだろうかと真剣に問われたこともある。調査というのはそのくらい慎重に行われるべきである。

　残念ながら今は8050問題というお墨付きを得た，家族たちの求めに安易に対応し過ぎた感もしないではない。家族の心配はよくわかる。しかし，ひきこもりの当事者の生まれてきた要因や心理状態に対しては，あまり考慮されたようには思われない。なぜひきこもりがもたらされたのかという背景には第一節で述べたように日本の社会構造の変化からもたらされたものが大きいと思っているが，とはいえそれは社会病理というものではない。日本の大多数の者たちが，これから進むべき構造の変化であるとして受け入れてきたものである。しかしそれに取り残されてしまう者たちも存在している。一人ひとりの心的状態に大きな影響をもたらしたのはやはり親であり，家族たちであったということをあえて指摘せざるを得ない。学校の教師たちもそれに加担している。いずれにせよ家族には子どもに対する思いやりというものが求められているのである。その重みというものが，十分に理解されているのだろうかと疑問を感じることが今でもある。

　要するに今回の高年齢者のひきこもり調査結果のあまりにも安易な公表と，それに関する報道が高年齢のひきこもりの人たちには，逃げ場が狭められていく恐怖感をもたらしたのではないか。あえてひきこもりの当事者の意識を代弁するとそういうことになる。

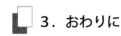
3．おわりに

　我が国の義務教育は子どもたちを同質化することに重きを置いているのではないだろうか。それは昔も今も変わっていない。個性化が大事という理念は言葉だけになってしまっている気がする。それゆえに同質化からはみ出た人間は次第に行き場を失っていく。人間関係が下手であっても一芸を育てることこそ教育の課題なのではないだろうか。そこがひきこもりをもたらさない鍵のように思える。

　日本では男が人生相談をするなんてみっともないという考え方がある。女性の場合は各地に公的相談機関が設置されており，地域のカルチャー・センターなどと連携している所も多い。最近しばしば指摘されるのが若者たちの居場所が必要だということだ。以前は各地に存在していた「青少年センター」や「青年館」のようなものを復活させるべきではないだろうか。地域若者サポートステーションのようなものではなく，社会教育活動の場として，若者がたまり場とするような場が本当は必要である。東京都が青年の家を廃止し，青少年センターを廃止した時期とひきこもりが増えた時期とは実は重なっていることにも目を向けるべきである。経費上の問題ということから廃止したようであるが，代わってひきこもり対策に相当なお金を費やしていることを見ると，あまり安直な政策転換はしない方がいいように思える。今の日本社会ではどちらかというと女性たちは自分たちの主張を声に出すが，男性は老いも若きも相変わらず声に出してこうして欲しいということを言いにくい世の中である。ひきこもりに男性が多いというのも，それとも多少はかかわっているのではないか。だとすれば男性がもっと気楽に集える居場所を作りそこでなんでも相談できる専門家を配備することが必要な気がする。かつては男性中心の居場所としては街角の居酒屋が存在していたのだが次第にその役割も変わってきている。コンパの場所として居酒屋を避けるようになり，そうした場所に参加することを嫌う若者が増えてきている時代である。そこからはじき出された若者も少なくない。中高年も同じである。

　お互いに愚痴や悩みを交わせる居酒屋に代わるべき場所をどうやって作ることができるのかを考える時期なのではないだろうか。地域によっては公民館という施設をまだ置いているところは多い。しかし，昔風の地域の寄り合

い場として存在するのではなく，もう少し別の形で存在させることはできないだろうか。離婚問題，子育ての問題，老親介護の問題，地域住民とのトラブル等々。中高年がひきこもりというより，孤立状態の一歩手前に置かれるきっかけはいたるところに存在している。ストレスや更年期障害，若年性アルツハイマーなどの病理現象を呈する人も多い。若い人が生き方を見つけられずにゆがんだ心の状態でひきこもりになっていくのとはやはり同じではない。また経費節減的発想から全部一緒にまとめて対応しようという安易な発想をするのはやめた方がいい。

　いつの時代にも時代の流れに沿うことができない，もしくは沿いたくない人間というのはおそらく 2 割程度いるのではないだろうか。その人たちの中には声高に異を唱える人もいるだろう。しかし，今日の日本社会が目指そうとしている流れは，おそらく理屈としてはわかるだけに声高に否定することができないとしたらどうなるのだろうか。結局それに従うか，そっと後ずさりをするしかないのであろう。繰り返しになるが，ひきこもりになる人のすべてがそうであるとは思っていない。しかし，そこからひきこもりになっていく人というのも確実に存在していることにも目を向けてほしい。

文　　献

笠原嘉（1984）アパシーシンドローム—高学歴社会の青年心理．岩波書店．
厚生労働省（2010）ひきこもりの評価・支援に関するガイドライン（ひきこもり新ガイドライン）．
内閣府（2010）若者の意識に関する調査（ひきこもりに関する実態調査）．
内閣府（2011）困難を有する子ども・若者の支援者調査．
内閣府（2011）ひきこもり支援者読本．
内閣府（2016）若者の生活に関する調査．
内閣府（2019）生活状況に関する調査．
内閣府（2020）子供・若者の意識に関する調査．
小田晋・三浦雅士（2006）ニートは労働問題ではない．In：大航海 58．新書館．
小田晋・西村由貴・村上千鶴子（2005）心の病の現在 1　ニート　ひきこもり／ PTSD ／ストーカー．新書館．
斎藤環（1998）社会的ひきこもり．PHP 新書．
高塚雄介（2002）ひきこもる心理とじこもる理由．学陽書房．
山田和夫（1992）ふれ合い恐怖—子どもを " 愛 " せない母親たちと青少年の病理．芸文社．

第2章

心のゆとりを作るためには

寺脇　研
（星槎大学大学院教育学研究科）

1．教育制度の変遷

　ひきこもりが社会問題として認知されるようになったのは，平成に入った1990年代だと言われる。わたしの記憶でも，文部省（当時）がこの問題を意識するようになったのは90年代以降だ。しかもそれは，むしろ登校拒否や不登校といった学校との関係において捉えられていた。現在のように，大人にも起きることとしてでなく，あくまで子どもが学校へ行かなくなった結果としてのものと思われていたのである。

　「登校拒否」は，1960年代あたりから存在が知られ，80年代に広がっていった。90年代になると，より広い意味で「不登校」の語を用いるのが一般的になる。「登校拒否」は，親の教育が過干渉・過保護であったり，家庭環境が劣悪であったり，あるいは本人の成長に問題があると見なされているものを意味していたが，それらでは説明のつかないケース，すなわち，親や家庭の環境が至って一般的だったり，本人の成長や性格にも何ら問題がなかったりするにもかかわらず学校に行けなくなることが増えてきた。

　そこで文部省は，「不登校」という言葉に呼称を変え，全ての児童・生徒に起こりうるものという見解を示すようになったのである。同時に，ひたすら登校を促すそれまでの対処法を改め，場合によっては静観するやり方もあると表明した。後に詳述するが，それをさらに進めて不登校を容認する姿勢を最初に明らかにしたのは，当時文部省から広島県教育委員会に出向して教育長を務めていたわたしである。95年のことだった。

　そうした広島県の判断を，文部省は否定せず追認した。これにより，他の都道府県も相次いでその方向に転じていく。90年代の終わりには，全国的な共通認識となった。不登校を容認するということは，ひきこもりを認めるという意味でもある。少なくとも子どもの場合には，そうした判断が一般的になったと言えよう。

　ただ，不登校やひきこもりが顕在化し，文部省が対応を迫られるようになる前から，この問題は別の形で明らかになっていた。

　子どもは学校へ行くのが当然，しかも，できるだけ長い期間就学する（イコール高い学歴を獲得する）のがよりよい形であり，それは全ての国民の幸福に繋がるはずだとする明治以来の「常識」が揺らぎ始めたのは，1975年頃のことである。1872年の学制発布から1世紀が経過し，1972年には学制百年記念行事が華々しく行われて日本の近代学校教育制度の成果が高く評価されたばかりのこの時期に，それまでの「常識」に反する事態が起きてしまったのは皮肉とも言えよう。

　明治政府が学校制度をスタートさせてから初等教育の就学率は上昇を続け，明治末にはほぼ100％に達する。戦後の教育改革は，前期中等教育すなわち新制中学校を義務教育に位置づけ，これも行き渡った。後期中等教育として1950年に42.5％の進学率でスタートした新制高校は，急増を続け1974年には90.8％と9割を超える。1950年代には1割程度だった大学進学率も，1975年には38.4％と，4倍近くにまで達した。

　わたしが文部省に入省したのはちょうどこの時期に当たる75年だが，経済指標と同じく全て右肩上がりに推移してきた進学率は，さらに上昇すると省内でも固く信じられていた。高校は小中学校と同じく全員が入学するようになると想定され，義務制化の議論も湧き起こり始める。

　大学に関しては，10年後の85年には5割になるとの前提で，76年度から85年度まで10カ年にわたる高等教育計画が策定された。これは，76年度から80年度までの前期計画が75年に発表され，高等教育の新しい展開として省内の花形事業の扱いだった。担当する大学局（現・高等教育局）には，最新最大の仕事を担う昂揚感さえ漂っていたのを，はっきりと憶えている。

　ところが，文部省にとって事態は暗転する。

　前10年の間，毎年2〜3ポイントの伸びを続け，10年で23.3ポイントの増加を果たした大学進学率が，76年にはわずか0.2ポイントしか伸びず，

77 年になると 0.9 ポイント減少に転じる。78 年には 38.4％と 75 年の水準に戻るものの，そこからは減り続け，83 年には 35.1％にまでなってしまう。高等教育計画は，81 年度から 85 年度までの後期計画を大幅に下方修正しなければならなかった。なにしろ，85 年度のものとして想定していた進学率50％が達成できたのは，それより 20 年後の 2005 年だったのである。

　また，全員の入学が予測された高等学校も，このあたりから進学率上昇が極端に鈍り横ばいに近い状態となる。74 年に 90％を突破したのが 92 年に95％に達するまでには実に 18 年間を要しているし，さらに 28 年後の現在でも 96％前後の水準でしかない。高校義務制化の声も，いつの間にか立ち消えになっている。

　経済状況が悪化したわけではない。オイルショックは，騒がれているほどの影響を与えなかった。大卒の就職活動にもほとんど支障がなかったと，当事者世代であるわたしは記憶している。「就職氷河期」の時代とはまるで比較にならない。事実，経済的理由で進学を諦めるという従来の図式とは明らかに状況が違っていた。

　高校卒業者の大学進学率が伸び悩む一方で，専修学校への進学率は上昇の一途をたどっていたのである。専修学校は，大学進学率が上昇する中で斜陽化していた各種学校（職業実践教育を中心とした学校）を高等教育機関として位置づけるために 1976 年に制度化された。当時の文部省内での認識は，10 年後に大学進学率が 5 割に達するとすれば，ますます厳しい状況となる各種学校を，せめて高等教育機関扱いしようという恩恵的気分が強かったと思う。

　しかし，蓋を開けてみると意外な展開となった。専修学校進学率は，10 年後の 86 年には 10％にまで達する。大学進学率と合計すれば，80 年代後半には，ほぼ前記の高等教育計画が想定した 50％になっていたのである。つまり，大学進学率の伸び悩みは，高校卒業者が大学よりも専修学校を選んだ結果と言えよう。

　文部省の教育計画が大学進学率 50％を目指したのに対し，高校卒業者の側は大学でなく専修学校に魅力を感じた。これは，それまでの，より高い教育を求め社会的にも地位が高いと見られる学校を無闇に求める価値観が変化の兆しを見せたと受け止めるべきだった。「より高い教育」でなく「より自分に必要な教育」を求める動きが出ていたのである。

　また，中学校卒業者の場合も変化があった。高校進学率が横這いを続ける
のに対し，就職率は下落していく。これをどう見るのか，文部省は戸惑った。
全体から高校進学率と就職率を引いた，つまり進学も就職もしない者の割合
を算出してみるとわかる。常に一定の割合が存在するわけで，これが，ひき
こもりやフリースクール，ホームスクールなどの不登校ということになろう。
　大学へ行けるのに専修学校へ進む高校卒業者，ましてや高校へ行けるのに
行かず就職もしない中学校卒業者という存在は，明治の学校制度発足以来の
量的拡大ばかりを目標としてきた文部行政からすると，「想定外」のものだっ
たのである。文部省は，この現象にうろたえるばかりだった。

2．つめこみ教育からの脱却

　それだけでなく，小中学校における教育でも文部省は大きな問題を抱えて
いた。授業時間，教育内容ともに史上最高となるまで増えていた「現代化カ
リキュラム」と呼ばれる小学校1971年，中学校72年実施の指導要領は，世
論から激しい〈詰め込み教育〉批判を生む。分量をこなすためのせわしない
「新幹線授業」は多くの単元を未消化に終わらせ，「落ちこぼれ」という流行
語まで生んでしまった。
　〈詰め込み教育〉批判にたじろいだ文部省は，小学校80年，中学校81年
実施の指導要領で指導内容を大幅に精選し，思い切った授業時間の削減を行
った。明治に学校制度ができて以来，初めて内容，時間を減らしたことにな
る。にもかかわらず，70年代末頃からは中学校における校内暴力などの「荒
れ」が深刻な問題になってくる。わたしが84年に福岡県教育委員会の義務
教育担当課長として文部省から出向した時点で，県内のほとんどの中学校が
荒れており，それは福岡県だけでなく全国的傾向だった。
　量的拡大のみをひたすら目指してきた明治以来の教育政策は，大きな転換
を迫られていた。おそらくそれは，戦前の富国強兵から戦後の高度経済成長
という経済的な量的拡大が行くところまで行き，それ以上の拡大が見込めな
くなっている社会状況に，教育システムがマッチしなくなってきたからだっ
た。
　ちょうど昭和の終わり頃，教育現場は極めて難しい状況にあったのだ。そ
れに対して，残念ながら文部省は有効な対策を講じることができなかったと

言わざるを得ない。そこで乗り出したのが，当時の中曽根康弘首相だった。1984 年 2 月，中曽根首相は国会の施政方針演説で政府全体で教育改革に取り組むことを宣言し，首相直属の審議機関として臨時教育審議会（臨教審）を設置した。現在の教育再生実行会議などのような政府部内の閣議決定に基づくものではなく，設置のための法律を国会で 4 カ月以上にわたって審議した国家的プロジェクトである。

　臨教審は，それを打開するために首相自らが乗り出す形で設けられた。委員には教育界だけでなく各界の代表が集まり，国民各層の意見を十分に取り入れる中，丸 3 年間にわたって濃密な議論が行われていく。

　その結果は，87 年に最終答申としてまとまった。①個性重視の原則，②生涯学習体系への移行，③国際化，情報化等変化への対応，を三本柱にした内容は，それまでの日本の教育を画期的に転換するだけのインパクトがあり，まさに教育新時代の到来を予感させた。

　その新時代，年号が替わって平成の教育改革をリードしていくのは，それまでそちらばかりを重視していた〈量〉だけでなく〈質〉という新たな観点を提示した臨教審答申なのである。答申は，ひとことで言えば，画一主義と学校中心主義からの脱却を目指すものであり，そのために行政が変化に柔軟に対応することを要請するものだった。

　すなわち，「個性重視の原則」では，画一性，硬直性，閉鎖性を打破して，個人の尊厳の重視，自由・規律の併存といった原則の確立を求めている。「生涯学習体系への移行」では，形式的な学歴に偏った人間評価など学校教育の中で自己完結する考え方から脱却し，これからの学習は学校教育の基盤の上に各人の責任において自由に選択し，生涯を通じて行われるべきものだとする。「変化への対応」では，国際化，情報化，科学技術の高度化，少子高齢化などへの対応が必要だと指摘している。

　そもそも臨教審は，21 世紀への展望を前提に議論した。明治以来の「追い付き型近代化」の時代を超えて，日本人と人類がこれまで経験したことのない新しい時代に向かうという大きな文明史的な転換期にさしかかっているとの認識を前提にしている。

　どうだろう。2020 年の今日，アメリカや中国が動かす世界経済の狭間にあり，実質的な移民受け入れを迫られ，インターネットや AI の驚異的進化，人口減と少子高齢化で地方が消滅の危機という現実に直面したとき，臨教審

の先見性が明白なっていると思うのだが。

　それ以後の平成の教育改革スローガンである，新学力観，生きる力，自ら学び自ら考える，アクティブラーニング，主体的・対話的で深い学び……全部臨教審が出発点になっている。もちろん，マスコミ命名の「ゆとり教育」も。

3．生涯学習社会の成熟

　それまで元気のなかった文部省は，新しい指針を得て奮い立った。早くも89年には，小学校92年，中学校93年実施の指導要領が告示される。「新学力観」の下，小学校低学年への生活科の導入，中学校の選択教科履修幅拡大が画一性を打破した個性重視につながり，中学・高校の家庭科男女必修は個人の尊厳につながった。

　生涯学習では，学校週五日制の月1回実施で家庭や地域の教育力にスポットを当て，学校一辺倒の考え方に一石を投じた。同時に図書館の土日や夜の開館，子どもの利用の促進など社会教育の利便性強化や放送大学の全国化，大学社会人入学，公開講座の拡大で学習者の選択の余地を広げ「いつでもどこでも誰でも学べる」生涯学習社会を目指していく。

　1990年代，臨教審が打ち出した方向は順調に進んでいった。生活科によって小学校低学年の理科，社会科が廃止されることからの教科学力低下論，旧弊な意識からの男子の家庭科必修反対，月1回の学校週五日制を家庭や地域が支えられるかの心配などがあったのは事実でも，それはいつしか杞憂だったとされ，社会も改革の動きに共鳴する気配が濃厚となる。

　91年にバブルが崩壊すると，それまでの物の豊かさのみを追求する風潮への反省から，心の豊かさに目が向けられるようになってきた。臨教審答申にあった「社会の成熟化」という言葉が現実味を帯びるようになる。95年の阪神・淡路大震災では大量のボランティアが被災地を助け，さらに97年のナホトカ号石油流出事故など災害の度に活躍が広がって日本にもボランティア活動が根付き始めた。

　一方で95年のオウム真理教事件やバブル崩壊後の大企業や経済官僚のていたらくは，「いい学校からいい会社」という「形式的な学歴に偏った人間評価」の限界を露呈した。偏差値のみによる高校進学指導の是正，高校総合学

科の新設，学校週五日制の月2回への拡大，農業，工業等の「職業高校」を「専門高校」と改め活性化，中学校の職場体験学習といった90年代の新しい施策はおおむね好評を博していく。

　「子どもたちに［生きる力］と［ゆとり］を」と唱えた96年の中央教育審議会（中教審）答申「21世紀を展望した我が国の教育の在り方について」は臨教審答申をさらに具体化し，社会の変化を見据えて，自分で課題を見つけ，自ら考え，自ら問題を解決していく資質や能力を求めた。これは大方の国民の支持を得られただけでなく，独創的な経済人の団体である経済同友会からも，その方向への転換を急ぐよう求められるほどだった。

　高度経済成長からバブルへと，経済的繁栄を享受し続けてきた日本社会も，その限界を知ることにより，精神的に成熟した生涯学習社会になっていく価値を認めるかに見えた。98年に告示された小学校2002年，中学校03年実施の指導要領は，前記の中教審答申に沿って完全学校週五日制や小中高等学校での総合的な学習の時間の新設を提案し，発表時点ではあらゆるメディアから高い評価を得たのである。

　この時期まで，平成の教育改革は社会の意識変化とシンクロして順風満帆に進んでいた。不登校やひきこもりに関しても，それを頭から問題視するのでなく，存在を認めていく方向へ転換を図ることになる。これは，臨教審答申の掲げた基本精神からすれば，至極当然のことだった。

　画一性，硬直性，閉鎖性を打破して，個人の尊厳の重視，自由・規律の併存といった原則の確立を求めている「個性重視の原則」からすれば，学校にむりやり囲い込む画一性，硬直性，閉鎖性を改めるべきだし，不登校やひきこもりを選択する個人の尊厳を許容しなければならない。また，「生涯学習体系への移行」を大前提とするなら，生涯を通じて行われるべき学習をどのようなペースで進めていくかを個人の選択に委ねてもいいではないか。不登校やひきこもりという形で休みたい時期には休んでもいい。学ぶ意欲さえ，どこかに持ち続けていてくれれば，学ぶ機会は生涯のどの時期にでもある。それが，「いつでも，どこでも，誰でも学べる」生涯学習社会なのだ。

　臨教審答申は，形式的な学歴に偏った人間評価など学校教育の中で自己完結する考え方から脱却するべきだとした。これからの学習は，各人の責任において時期や学ぶ場を自由に選択し，生まれてから死ぬまでの間を通じて行われるべきものだというのだから，無理に学齢期の学習を強制すべきではあ

るまい。人生における学びの形を選択する自由を認める背景には，個人の尊厳に基づく「自己責任」の考え方があってもいい。

　この文脈にあっては，「自己責任」とはポジティブな意味で用いられていた。自らの責任において生き方や学び方を選択することこそ大切だ，と。たしかに，過去の学校教育至上主義だと，学齢期に教育を受けないと学ぶ機会を永遠に喪失しかねない。不登校やひきこもりを許容しなかった時代の論理は，教育を受ける機会を守ってやろうという「親心」だったわけだ。

　しかし，生涯学習の時代は違う。学び直そうと思えば，何歳でも高校や専修学校，大学に入学することができるのである。そのために，中学校卒業程度認定試験や高等学校卒業程度認定試験が用意されている。また，受け入れる大学の側の社会人入学制度もさまざまな形で充実が図られている。放送大学を選ぶならば，高等学校卒業程度認定試験を受けなくても，科目を選んで履修する選科履修生または科目履修生となって16単位を修得すれば，大学卒業資格の得られる全科履修生として入学することができる。

　学齢期に不登校やひきこもりだったとしても，再び学ぶ気になれば，いつでも道は開かれているのだ。だとすれば，不登校の子どもを無理に学校へ引き戻さなくてもいいではないか。青少年期のひきこもりも，それが社会から完全に隔絶するような種類のものでなければ，学ぶ意欲を取り戻す時を待ってもいいのではないか。それが，生涯学習社会の考え方だと言えよう。

　話を冒頭に戻そう。

　文部省が，不登校に対し，ひたすら登校を促すそれまでの対処法を改め，場合によっては静観するやり方もあると表明したのは，教育行政において上記のような生涯学習の考え方が主流になりつつあったからである。あくまで学習者主体の見地からすれば，登校する気持ちになれない子どもを強引に学校へ連れ出すのは，明らかにおかしいことになる。

　ちょうど同じ頃広島県教育長を務めていたわたしは，もう一歩踏み出す必要を感じていた。不登校の中には，家にひきこもるだけでなくフリースクール等の学びの場で積極的に学んでいる子どもが少なからず存在していた。学校という場での学びには馴染めなくても，学校とは違うカリキュラムや指導法で学びをサポートするフリースクール等のやり方でなら学習意欲を持続できるのである。

　そうした状態を認めるところから入っていかないと，彼らを生涯にわたっ

て学び続ける気持ちへ導けないと思った。「不登校は悪くない」の言葉は，そんな思いから発したものだ。彼らの現在の状態を一方的に否定するのでなく，まずは許容する姿勢から始めて生涯学習の道へと進んでもらおうとした。

　もちろん，この大転換に抵抗感を持つ向きもあっただろう。特に，旧来の学校中心主義の側には，驚きをもって迎えられた。だが，生涯学習の考え方を基準にしていけば，こうなって然るべきだった。文部省がこれを否定せず追認し，他の都道府県も相次いでその方向に転じていったのは，それゆえである。

 ## 4．ゆとり教育を超えて

　その後，2000年代に入ると平成の教育改革全体の動向は変化していく。

　1998年に告示された新しい指導要領は，小学校2002年，中学校03年の実施が近づくにつれ，「ゆとり教育」とのレッテルを貼られてバッシングの標的になっていった。論拠は，「学力低下」である。

　学習者の主体性を重視して各自の興味・関心を持つ課題を選ばせる総合的な学習の時間のように，画一性を緩めて選択の幅を持たせる余地を作る生涯学習の考え方に立った変革は，全員が一律に修得する内容を減らすことによって成立する。また，学習の場は学校に限らず地域社会や家庭のさまざまなところにあり得るとの認識で導入された完全学校週五日制により，授業時間の全体量は減少する結果となった。子どもの学びの場を学校に限定しないのだから当然だ。

　「学力低下」の論拠は，授業時間と修得する内容が減れば学力は低下するというものだった。たしかに，人間が学校で過ごす間にだけしか学ばないのなら，そういう計算になる。しかし生涯学習は，その理屈では動いていない。学校で「自ら学び，自ら考える」習慣を身につけることによって，80年以上に及ぶ長い生涯にわたって学び続けるという考え方だ。たかだか人生の前半4分の1程度でしかない学校時代に学ぶことより，はるかに多くを獲得できるはずではないか。

　にもかかわらず，「学力低下」を旗印にした批判は根強く，残念ながら文部科学省（2001年1月に文部省から組織改編，名称変更）は信念を揺るがせてしまった。01年4月には小泉純一郎政権が発足し，元文部官僚で民間人

の遠山敦子大臣が就任する。遠山大臣は官僚時代に高等教育関係の経歴が長く，また，次期指導要領が告示され好評の世論があふれた時期は96年から99年まで駐トルコ大使となり日本に不在だった。そのため，帰国後「学力低下」論に接すると同意するところがあったらしい。それまでの大臣たちのようには，この教育改革を積極的に推進する気配がなかった。

　加えてこの年，前年行われたOECDによる新設学力調査「生徒の学習到達度調査（PISA）」の結果が公表され，参加32カ国中で日本は数学的リテラシーが1位，科学的リテラシーが2位だったのだが，読解力が8位という点に批判が集中した。20世紀までの各種国際学力調査では，日本が常にトップの座にいたからである。8位といっても2位以下は僅差で2位のカナダと統計的有意差はないと文部科学省が説明しても，日本人は競争の順位に過度にこだわる。結果，学力低下論は勢いを増し，「ゆとり教育」批判はさらに強まっていった。

　02年4月からの新学習指導要領と完全学校週五日制実施を3カ月足らず先に控えた1月初旬，遠山大臣は突如，「確かな学力向上のための2002アピール『学びのすすめ』」を出す。これが「ゆとり教育」方向転換と受け取られ，流れは大きく変わった。

　06年に発足した第一次安倍政権は首相直属の教育再生会議を設け，07年に「ゆとり教育」の見直しと学力向上を提言させた。これらを受け08年に告示された小学校11年，中学校12年実施の指導要領は，授業時数と教育内容が増加の方向に転じることとなる。

　こうした「ゆとり」か「脱ゆとり」かのせめぎ合いは，20年から順次実施の新指導要領において，「主体的，対話的で深い学び」が小中高等学校を通じた根本方針に位置づけられたことで，ようやく決着がついた。これは明らかに，臨教審答申が示した理念とつながっている考え方である。「主体的」とは「自ら学び，自ら考える」であり，「対話的」とは総合的な学習の時間のような学習方法であり，「深い学び」とは与えられた知識の暗記でなく「自分で課題を見つけ，自ら問題を解決していく」ことだからだ。

　「ゆとり」対「脱ゆとり」の争いは，学校教育の在り方に関するものであり，不登校やひきこもりという学校教育を避ける生き方や，彼らの学校以外における学習の在り方に直接影響を与えるものではなかった。それでも，生涯学習の考え方が揺さぶられたために，せっかく容認されたのが元に戻って

しまうかのような不安を感じさせたのは事実である。その意味で，今回の新
指導要領によって決着がつき，生涯学習社会の考え方が確立しつつあること
は，実に望ましい展開なのである。

　ただ，社会全体の在り方としては，菅新首相が「自助，共助，公助」を唱
えるなど,「自助」すなわち自己責任をあらゆる国民に要求する新自由主義の
考え方が強くなりつつあるのは否めない。職業人生のスロースターターにな
りがちな不登校，ひきこもりの子どもたち，若者たちにとって，長期的に厳
しい方向となる可能性は強かろう。その意味で，新自由主義社会とは対極の
考え方である生涯学習社会の実現を強力に推し進めていくことは極めて重要
な課題となってくる。

第3章

若者の居場所の構想

田中治彦
（上智大学名誉教授）

　本章では，ひきこもり現象の背景となった日本社会の変化について，青少年の「集団離れ」や不登校問題からみていく。その上で，社会とつながる力を回復する過程での「居場所づくり」の必要性について論ずる。

1．日本社会の変容と子ども・若者の「集団離れ」

1）子ども・若者の「集団離れ」

　「ひきこもり」という言葉が頻繁に使用されるようになったのは 2000 年前後のことである。その 10 年前の 1990 年前後には「不登校」が大きな話題となっていた。いずれも学校や職場から離れるという非社会的な現象である。筆者は青少年の社会教育に長く関わってきたが，この分野ではさらにその 10 年前の 1980 年代前半には前兆となる現象を捉えていた。それは，子ども・若者の「集団離れ」とも言うべき現象である。

　戦後の社会教育は集団活動，団体活動を基盤として行われてきた。子ども会，ボーイスカウト・ガールスカウト，青年団といった青少年団体への加入を促進することで，青少年の健全育成を図ってきた。1980 年頃までは，これらの団体への加入者は増加の傾向にある。しかし，その後多くの青少年団体の会員数は減少に転ずる。例えばボーイスカウトは戦後一貫して団員数を伸ばしてきたが，1983 年に約 33 万人となってからは減少に転じた。これには大きく二つの要因がある。一つは 1973 年に始まる少子化の傾向が会員減につながってきたことである。特に，地域の一定年齢層の子どもをほぼ網羅

的に会員としてきた地域子ども会にあってはこの影響が大きい。もう一つは，青少年団体が行っている活動や手法が子どもにとって魅力を失う反面，団体活動以外にゲームセンター，カラオケ，ファミコンなど余暇のさまざまな選択肢が出てきたことである（田中，2015）。

　子ども・若者の「集団離れ」は，若者に集団参加により成長を促す「グループワーク」¹⁾を基本としてきた戦後の社会教育に深刻な問題を投げかけた。青少年団体の加入率が下がり，青少年施設の利用も低調になったことにより，集団参加を基本としてきた日本の青少年教育は，「居場所づくり」が登場する2000年頃までしばらく方向性を見いだせぬままに低迷する。社会教育においては団体への参加は自由であるので，子ども・若者の「集団離れ」はすぐに会員数の減少という数字となって現れた。一方で，「義務」とされた学校教育においては，この現象は数年遅れることなり，1990年前後に「登校拒否・不登校」として大きな社会問題として認識されるようになる。

2）日本社会の変容と若者の成長感

　この背景には図1にあるように1980年代に起きた日本社会の大きな変化がある。Aの領域は，明治以来1980年代まで続いた時代で，西欧型の近代化をめざして国家をあげて産業化に努めた時代である。「西欧に追い付き，追い越せ」を合言葉に，近代教育の普及と産業の振興を推進してきた。戦前では「富国強兵」であり，戦後は「技術立国」が国家のスローガンであった。この時代にあっては，国家の目標も教育のねらいも明確であり，それを背景に教師や青少年指導者は自信をもって指導することができた。青少年にとっては，「自分自身の成長が，社会の発展にもつながる」という実感がもてた時代である。

　一方，1980年代以降のBの時代は，日本社会が進んでいる方向性が必ずしも明確ではない。日本は明治以来の目標を達成して，物質的にも「豊かな国」となった。新しい国家目標が定まらないなかで，教育や青少年育成の世界も混迷する。社会が自分たちの進むべき道を示さなくなったので，子ども・若者は自ら進むべき道を自身で選択しなくてはならない。かつて傍系であった職業（例えば，漫画家やお笑い芸人）であっても，自分で選んだものであれ

1)　グループワークについては，田中治彦・萩原建次郎編（2012）『若者の居場所と参加―ユースワークが築く新たな社会』東洋館出版社，pp.148-155を参照されたい。

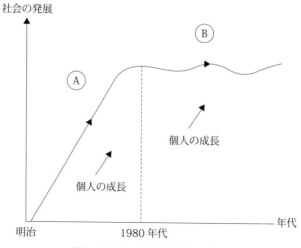

図1　時代の変化と青少年の成長

ば認められるようになった。その代わり，失敗しても「自己責任」とされる。当の若者にすれば，自分の成長が社会の発展と一致しているという感覚をもてないために，近未来への展望がもちにくい時代である。日本社会は1990年代から30年近くにわたって経済成長を実感できない時代となったために，若者は未来が現在よりも良くなるという日本社会に対する安心感，信頼感をもつことができなくなっている。

2．不登校問題と居場所論

1）不登校問題

　日本社会が大きく変容して，若者の意識が変化するなかで，「居場所」という極めて日常的で世俗的な用語がある種の響きをもって使われ出したのが1990年代である。出版されている文献で表題に「居場所」が含まれているものを年代ごとに集計すると，1980年代にはわずか9点しかなかったものがが，90年代前半には19点，90年代後半には36点に増加する。さらに2000年代前半には64点出版されている。1990年以降飛躍的に増加していることがわかる（田中，2001）。居場所に関する出版物が1990年代に増加した背景は不登校問題にあった。1992年に文部省が委嘱した学校不適応対策調査研究協力者会議が「登校拒否（不登校）問題について―児童生徒の『心の居場

所』づくりを目指して」と題する最終報告書を発表した（文部省，1992）。これ以降，「居場所」が政策用語として使用され，また教育や心理など関係学会でも学術用語として広まることになる。

　すでに 1980 年代には学校に行かない子どもたちが確実に増加していた。当初は「登校拒否」と呼ばれていたが，80 年代後半になると「不登校」という呼称が一般化した。不登校の原因はさまざまであるが，先に述べた子どもの集団離れ，団体離れと共通する原因がある。社会教育団体の場合それは会員数の減少となるが，学校教育では不登校となって現れる。小学校・中学校は義務教育であるために，学校に来ない子どもの存在は行政として放置しておける問題ではなかった。当初は不登校児らをいかにして学校に戻すかということに重点が置かれたが，その試みがあまり効果を挙げなかったことと，学校に戻すことに対して疑念が寄せられたことによって文部省も新たな対応に迫られていた。

　文部省が不登校問題に対して大きく方針を転換した先の報告書では，不登校はどの子どもにも起こりうるという観点に立った。文部省は学校復帰を前提とした民間施設に通う限り，民間施設で相談・指導を受けた日数を指導要録上の「出席扱い」にできるとした。従来，公立学校と同様の出席扱いとなるためには私立学校に通う他なかった。私立学校は法律に規定された細かい要件があり，公立に準じた設備，教職員などが求められる。それが，不登校問題に限っては，私塾と変わりないような施設でも出席扱いとなったのである。

　文部省がこのような措置をせざるを得なかった背景には，子どもが学校に来ないという子どもの無言の抵抗により，学校の権威が大きく失われ，学校の正当性が疑われるに至ったことがある。これは 1872（明治 5）年の「学制」発布以来，長い年月をかけて政府が整備してきた「義務教育」制度の根幹に関わることでもあった。

2）居場所論

　それでは「居場所」とは何なのであろうか。考えてみれば，子どもたちの多くが「子ども部屋」という占有空間をもっているにもかかわらず「居場所がない」と感じているのは皮肉なことである。このことだけでも居場所は単に物理的な空間を指すものではないことがわかる。2001 年に発刊された『子

ども・若者の居場所の構想』の中で，著者らは居場所をさまざまに定義している。例えば，萩原は居場所を次のように説明している（萩原，2001）。

①　居場所は「自分」という存在感とともにある。
②　居場所は自分と他者との相互承認という関わりにおいて生まれる。
③　居場所は生きられた身体としての自分が，他者・事柄・物へと相互浸透的に伸び広がっていくことで生まれる。
④　同時にそれは世界（他者・事柄・物）の中でのポジションの獲得であるとともに，人生の方向性を生む。

　また，高塚によれば，居場所とは「空間的な「居」場所と時間的な「居」場所がクロスする所」に存在するものであり，しかもそれは社会的な関係性によって意味づけられるものである，としている（高塚，2001）。また，柳下は居場所の機能と役割として，一つは「子ども・若者の存在，そのものを肯定する場」であり，もう一つは「『対話』の場」である，と述べている（柳下・高橋，2019）。

　筆者は「居場所」には3つの要素があると考えている。一つは文字どおり「場所」であり，空間である。すなわち居心地のよい安全な空間を指す。第二は安心できる「人間関係」である。少なくとも危険を感じることがなく，多少あつれきはあってもそれを解決できる人間関係があることが大切である。第三は，近未来への「時間展望」である。現代の日本社会では若者だけでなく，どの年齢層の人でも五年先，十年先の自分の姿を想定することが難しい。近い将来について少しでも見通せる場所が「居場所」である。「居場所」とは，安心できる場所，信頼できる人間関係，近未来への時間展望，という3つの要素がそろった「場」のことを指している。

　家庭にも学校にも職場にもどこにも「居場所がない」と人間はどうなるだろうか。そのストレスが自身の内側に向かった場合は「ひきこもり」になりがちである。この場合，外部社会とのつながりを絶ち，自分の部屋などの最小限の空間を居場所とする。ストレスが外部に向かった場合，暴力や他者の排除，ときには過激な行動となることもある。そこで，ひきこもりに対しては，自身の居場所空間を広げて，外部世界とのつながりを少しずつ回復することが求められる。それでは居場所をつくるためにはどのような方策がとられてきたのであろうか。

3．居場所づくり

1）フリースクールと居場所づくり

　不登校の問題に対しては，子どもたちを受け入れる施設としてフリースクールないしはフリースペースとよばれる施設が不登校関係者やNPOによって作られてきた。不登校は1975年頃より増加しだすが，当初は原因は本人の性格と家庭にあるとされていて，その対処法としては学校に戻すか治療をすることが求められていた。一方，民間側の対応としてはスパルタ方式による矯正施設があったが，1983年に戸塚ヨットスクール事件，1991年には風の子学園事件が起きた。いずれもそれらの学校の生徒が行方不明になったり死亡した事件である。

　公立小学校の教員であった奥地圭子は，自分の子どもが不登校となったことをきっかけに現行の教育制度に疑問をいだき，1985年に東京都北区に東京シューレを開校した（奥地，2005）。東京シューレは学校に行けなくて悩んでいる子どもたちのための「もうひとつの学校」として開設された。シューレ（学校）とは称しているが，正規の学校ではなく，学校に行けなくて困っている子どもたちのための「居場所づくり」であった。その意味では，当初は学校に行かない子どもやその親に対する世間の冷たい視線を逃れるための「避難所」でもあった。フリースクールの中で行われている教育活動は多様である。東京シューレでは，子どもたちがマイペースで活動できるように，絵画，音楽，スポーツやさまざまなイベントが行われている。それらは生徒らの運営による自発的な活動が主である。また，将来学校に戻ったり進学することを考慮して，公立学校で行われているような教科の授業も展開されている。ただし授業に参加するかどうかは生徒の自主性に任されている。彼らに関わるスタッフは，生徒の自発性を尊重しながら支援するという意味で，学校の教師というよりは青少年活動の指導者であるユースワーカーの役割に近い（水野，2012）。

2）居場所としての青少年センター

　青年層の集団離れ現象はすでに1970年代から進行していた。集団利用を前提として運営されていた公立青年の家などは1980年代に入ると，利用者

の減少に悩まされることになる。こうした状況に対して，集団利用を前提と
せず個人で利用できるタイプの青年施設が大都市を中心に作られるようにな
った。その先鞭をつけたのは1984年に東京都飯田橋のセントラルプラザに
開設された東京都青少年センターである。京都市や横浜市の青少年活動セン
ターや青年の家も，若者の個人利用を促進し，若者の「たまり場」「居場所」
機能を重視した運営をするようになった。児童館の中高校生利用施設として
「ゆう杉並」が1997年に開設されたが，中高生の運営参加と個人利用・集団
利用の双方に対応できる施設づくりをしている（七澤，2012）。

　こうした青少年施設に特徴的な活動として「ロビーワーク」がある。ロビ
ーにはふらっと一人で立ち寄る人もいれば，グループ・サークルやカップル
の待ち合わせなどさまざまな利用者がいる。スタッフはそうした若者のニー
ズに対して求めに応じて答えることになっている。実際に行われていること
は，講座やイベントの説明であったり，若者の進路，就職，恋愛などの相談
であり，最近の流行についてのおしゃべりであったりする。広い意味でのカ
ウンセリングやガイダンスそしてグループワークの機能があり，さらに若者
のニーズのリサーチの場でもある。従来の青少年施設ではこうした機能が業
務の片手間で行われていたのであるが，最近の青少年センターではこれらを
「ロビーワーク」として職員の正規の職務内容に位置づけて若者の個人利用に
対応してきたのである[2]。

 ## 4．グローバル化社会とエンパワーメント

1）グローバル化社会と居場所論

　1990年代に居場所論が盛んになった背景には，1960年代の高度経済成長
期までには当たり前に存在していた「人のつながり」が消滅ないしは弱体化
したことがある。すなわち，それまでの日本社会では例え都市部であったと
しても，人々は三世代の家庭，顔が見える地域社会，家族主義的な会社に囲
まれていて，居場所には困らなかった。むしろ，濃密な人間関係にわずらわ

2）　フリースクールや青少年センターのみならず，子ども・若者の居場所づくりを行っ
　　ている地域やNPOの活動は多数存在する。久田邦明（2012）地域の青少年育成活動
　　と居場所づくり．In：田中治彦・萩原建次郎編：若者の居場所と参加－ユースワーク
　　が築く新たな社会．東洋館出版社，pp.92-107.

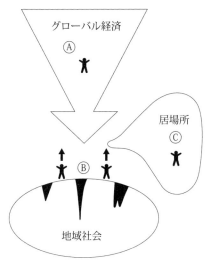

図2　グローバル化社会と居場所

しさを感じる人々も多かったであろう。その後，核家族化が進み地域社会が
崩壊し，終身雇用を放棄した企業が増加して，人々はごく限られた人間関係
の中で暮らすことが常態化するようになる。

　それと反比例するかのように進行したのがグローバリゼーションである。
グローバリゼーションとは人，モノ，金，情報が国境を越えて自由に移動す
る現象である。これにより地球の一角で起きている事象が世界全体に影響を
及ぼすことになる。例えば，中東で紛争が起きて石油の値段が高騰すれば，
日々使用している車の燃料代に跳ね返り，他の製品の価格にも影響する。未
知の伝染病が発生すると，その影響は世界中に広がり，人々の交流や物流に
も影響する。現代社会に住む私たちは，家族や地域や会社といった従来のセ
ーフティネットなしに，グローバル化社会の影響を直接受けることになる。
ひきこもり問題の背景には，グローバル化社会に起因する直接間接のさまざ
まなプレッシャーが潜んでいることを知っておく必要もあるであろう。

　グローバル化した現代社会においては，私たちの生存のためにも「居場所」
の確保が必須である。図2はグローバル化社会の状況を図式化したものであ
る。図のAはグローバル経済を推進したり，巻きこまれている人である。ソ
フトバンクやユニクロのような多国籍企業で働く人々をイメージしてもらえ
ればよい。一方，図のBに立つ人々は，グローバル経済によって分断された

地域社会に暮らす人々であり，グローバル化のマイナスの影響を受けている人々である。またBには，弱い立場の人を支援する人もいる。福祉関係の職員やNPOのスタッフである（西・湯本，2017）。

　問題は，Aでそのまま働きつづけていると少なからず疲弊してしまうことである。Bはグローバル化の被害者でもあるので，やはりこの場に居続けることは生命や健康がむしばまれかねない。そこで，グローバル経済の影響を受けないか，その影響が軽微であるような空間として「居場所」の重要性を再度指摘しておきたい。図のCはグローバル経済の影響を受けない空間，すなわち人間関係を中心とした空間である。具体的には，コミュニティ・カフェや公民館のような地域の人々の集まりであったり，同じ趣味やスポーツを楽しむ者どうしの集まりであったりする。ここは，Aにいて疲れた人にとっては「休養」の場であり「癒し」の空間である。またBにいた人にとっても「避難」の場であり，新たな活動に備えての「充電」の場でもある。日々の仕事から離れて，新しいアイデアや価値を考える「創造」の場でもある。このような現象は世界中で起こっていて，今や「居場所」問題は先進国のみならず，開発途上国でもその必要性が認められるようになっている。

2）エンパワーメント

　ひきこもりとは，社会とのつながりが極端に細くなり，家ないしは自分の部屋といった狭い空間の中にしか居場所をもとめられない状態である。ひとびとは本来的には，家族，地域，学校，企業といった外部社会と関係性を結ぶ社会的な力をもっているはずである。それが，さまざまな外部の圧力によって力が弱められ，自己を保持する最小限の空間に押し込められてしまう。図3は「力の剥奪によるひきこもり状態」を図示したものである（フリードマン，1995を参考に作成）。

　人間は誰しも図3の外側の円のように，外部社会と折り合いをつけながら生きている。しかし，これがさまざまな外部社会の圧力によって，人間が本来もっていた社会的な力が弱められて内側の最小限の円にまで縮められている。これがひきこもり状態である。本来もっていた社会と折り合う力を弱めさせた原因としては，家族，学校，企業，世間，グローバル化社会などが考えられる。さらに，自分自身も外部世界の価値を内面化して，自らを縛っている場合も多い。

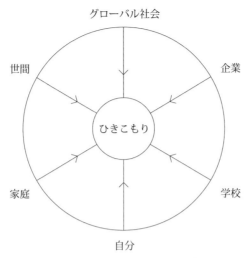

グローバル社会

企業

世間

ひきこもり

家庭

学校

自分

図3　ひきこもり－力の剥奪モデル

　本来備わっているはずの社会的な力（パワー）を回復することを「エンパワー」と呼ぶ。名詞形はエンパワーメントであり，近年，ジェンダー，国際協力，社会福祉などの分野で盛んに使用されるようになった。エンパワーは，単に個人としての能力を高めるだけではなく，社会を変えていく力をも含んだ概念である。そもそも外的な圧力によって最低限度にまで自身の力が押し込められているのであるから，それを跳ね返すことは容易ではない。自身の能力を高めるだけでは不十分であり，抑圧している外部社会をも変える必要がある。それは当事者一人の力では極めて困難であり，支援者とともに働きかけることが求められる。そのようにして外部世界を変えていった事例を不登校問題の中に見いだすことができる。

　東京シューレを設立した奥地らは1990年には「登校拒否を考える全国ネットワーク」を作り，不登校に悩む子どもや親とともにフリースクールの社会的認知を高める運動を続けた。先の文部省の方針転換を受けて1993年には不登校施設に通う子どもらの通学定期券の発行が実現した。東京シューレに転機が訪れたのは，2000年のことである。ヨーロッパのフリースクールを視察した子どもたちは，国によってはフリースクールが正規の学校として認められていて，生徒たちも生き生きと活動していることを知る。視察に行った子どもたちを中心に，世界フリースクール大会を日本で開くことを企画

する。この大会が成功したことで，子どもたちはフリースクールでの学びに自信をもつようになる。これを機に「フリースクール全国ネットワーク」も結成された。同ネットワークには2020年の時点で81の団体が会員となっている。その後，さまざまな教育関係者や国会議員に働きかけることによって，多様な教育機会を確保するための法案づくりを行うようになる。ホームエデュケーションを含む「多様な学び」を保障する法制度の実現のための活動を行った。2016（平成28）年には「教育機会確保法」（「義務教育の段階における普通教育に相当する教育の機会の確保等に関する法律」）の成立にまで漕ぎ着けている。

　このように最初は，学校に行かない子どもたちの居場所づくり，そして世間の冷たい目を避ける避難所であったフリースクールが，さまざまな活動を通して社会に働きかけ，国会議員まで巻き込んで新しい教育の姿を構想するまでになった。子どもたちが法案成立のための運動の主役となっていくプロセスこそが「エンパワーメント」である。

　フリースクールの場合のエンパワーメント・モデルがひきこもり問題にも応用できるかどうかはまだ模索の段階である。不登校とひきこもりには共通する現象や課題があるが，一方で相違点もいくつかある。不登校の場合は学齢期の子ども・若者であり，世間からの同情や支援も得やすいが，ひきこもりの多くは成人年齢に達していて，世間からの共感を得にくい。性別でも男性が多いため，世間からは自立して働くのが当然と思われがちである。また，不登校問題の場合，フリースクールを正規の教育制度の文脈に位置づけることが目標となっていた。フリースクールが正規の教育と同等のものとして認められることになると，そこに通う若者たちは「不」登校ではなくなり，問題そのものが消滅する。

　不登校の場合，「教育機会確保法」を成立させることが運動の目標となったわけであるが，それに類するような共通の目標をひきこもり問題においては設定することができるであろうか[3]。ひきこもりを個人や家族の問題にとどめず，現代社会の中に原因があることを認めて，社会自体を変革するようなムーブメントが広がれば，ひきこもり問題の解決に向けて展望が一つ開けるであろう。

3）　ひきこもり支援の法整備については竹中が試案を述べている。竹中哲夫（2010）『ひきこもり支援論―人とつながり，社会につなぐ道筋をつくる』明石書店.

引用文献

ジョン・フリードマン著，斉藤千宏・雨森孝悦監訳（1995）市民・政府・NGO―「力の剥奪」
　　からエンパワーメントへ．新評論，pp.114-117.（Friedmann, J.（1992）*Empowerment:
　　The Politics of Alternative Development.* Blackwell Pub.）

萩原建次郎（2001）子ども・若者の居場所の条件．In：田中治彦編：子ども・若者の居場
　　所の構想―「教育」から「関わりの場」へ．学陽書房，pp.63-64.

久田邦明（2012）地域の青少年育成活動と居場所づくり．In：田中治彦・萩原建次郎編：
　　若者の居場所と参加―ユースワークが築く新たな社会．東洋館出版社，pp.92-107.

水野篤夫（2012）若者支援とユースワーカー．In：田中治彦・萩原建次郎編：若者の居場
　　所と参加―ユースワークが築く新たな社会．東洋館出版社，pp.166-187.

文部省（1992）登校拒否（不登校）問題について―児童生徒の『心の居場所』づくりを目
　　指して　学校不適応対策調査研究協力者会議最終報告書.

七澤淳子（2012）青少年センターでの居場所づくり．In：田中治彦・萩原建次郎編：若者
　　の居場所と参加―ユースワークが築く新たな社会．東洋館出版社，pp.108-126.

西あい・湯本浩之編（2017）グローバル時代の「開発」を考える―世界と関わり，共に生
　　きるための 7 つのヒント．明石書店，pp.235-239.

奥地圭子（2005）東京シューレ―子どもとつくる 20 年の物語．東京シューレ出版.

高塚雄介（2001）心理学から見た「居」場所．In：田中治彦編：子ども・若者の居場所の
　　構想―「教育」から「関わりの場」へ．学陽書房，p.36.

竹中哲夫（2010）ひきこもり支援論―人とつながり，社会につなぐ道筋をつくる．明石書
　　店.

田中治彦編（2001）子ども・若者の居場所の構想―「教育」から「関わりの場」へ．学陽
　　書房，pp.241-244.

田中治彦（2012）居場所と参加を生み出す方法論．In：田中治彦・萩原建次郎編：若者の
　　居場所と参加―ユースワークが築く新たな社会．東洋館出版社，pp.148-165.

田中治彦（2015）ユースワーク・青少年教育の歴史．東洋館出版社，pp. 210-211.

柳下換・高橋寛人編（2019）居場所づくりにいま必要なこと―子ども・若者の生きづらさ
　　に寄りそう．明石書店，pp.166-167.

第2部　これからのひきこもり支援

第4章

札幌市／北海道における取り組み

地域社会におけるひきこもり支援1

阿部幸弘・安保麻衣子・樋口正敏・三上雅幸

（公益財団法人北海道精神保健推進協会・こころのリカバリー総合支援センター）

1．はじめに――当法人の紹介と「ひきこもり」支援をやってきた経緯

　私たちの法人は現在，ふたつの自治体から（厚労省が指定するいわゆる）「ひきこもり地域支援センター」の委託を受け，日々活動をしている。ふたつと言うのは，北海道と札幌市（つまり都道府県と政令指定都市）である。一方は，県ならば7つか8つ程の面積を飲み込んでしまう程大変に広汎なエリアである北海道全域。他方，二百万都市札幌は，道内では例外的に人口が集中したエリア――その両方のセンターとして，社会的ひきこもりに関する第一相談窓口の役割を果たしていることになる（そこに至る経緯は後述）。これまで我々が手探りで活動を続けて来た中，当法人に何らかの特色が多少ともあるとするならば，この広域と近接地域の両方の視点を常に持っている（持たざるを得ない）という点に，その由来があるのではないかと考えている。

　まず，団体としての沿革からざっと説明したい。当法人は，精神障害者の社会参加促進などを目標に1987年に設立され，2年後に，その頃の当事者や家族に切望される形で「札幌デイ・ケアセンター」（独立型の精神科デイケア）を開所した。以後，施設名を「こころのリカバリー総合支援センター」に変え，法人格を公益財団法人に転換するなどの改変があったが，精神科リハビリテーションの専門機関として地域精神医療の一端を担ってきた流れがまず基本にあった。その後，道内でも精神科病院の多くがデイケアを併設するようになり，我々は当初の役割を一部終えたとも言える。だが，開設当初

から道内では珍しくシステム論的家族療法（日本家族研究・家族療法学会，2013）を診療体制の基盤に据えていたのが，我々の特色の一つであった。やがて成人の発達障害の臨床的な増加や，社会的行動障害が前景に立つ高次脳機能障害など，家族が巻き込まれがちで，かつ治療関係も揺れ動きやすい障碍の領域に，我々がある程度対応できてきたのは，家族療法的な基盤を技術的・文化的に法人全体が持っていたからだと思われる。

　そして，2009年度に厚労省が「ひきこもり対策推進事業」を開始した際に，我々はそれまでの援助技術の蓄積から，ケースマネジメント等の手法を利用したサービス提供が行えると考え，このプロポーザルに手を挙げ同年7月から「北海道ひきこもり成年相談センター」の運営を受託した。以後，継続的に電話・メール・面接・アウトリーチ等の直接相談や，他の支援機関へのコンサルテーション，および関係者への研修等を道内で行ってきている。相談件数は年を追うに連れて基本的に増加の一途をたどる中（図1），マンパワーも限界になりそうな頃，札幌市が2015年10月からこの事業を遅ればせながらスタートさせた。これも同様のプロポーザルを経て，当法人が「札幌市ひきこもり地域支援センター」を受託することとなり現在に至る。

　改めて言うまでもなく，社会的ひきこもりの相談では多くの場合，初回は本人よりも家族からが多い。しかし，前記したように家族療法という発想の基盤があったため，我々には方法論的な違和感があまりなく，よく医療機関

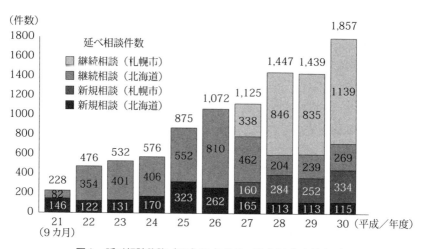

図1　延べ相談件数（平成21年7月～平成30年3月まで）

がぼやくような「本人が来ない」ことで相談対応に困るという感覚は，それ
ほど抱かずに済んできた。元々，多職種の専門家集団を核としていることや，
ケースによっては精神科リハビリテーションを経て就労・生活支援につなげ
るシステムもすでに持っているなど，いくつかの利点もあったように思われ
る。以下，具体的相談の状況を述べる。

2．具体的な相談支援状況

1）電話・メール・面接相談の現状と課題

　社会的ひきこもりの相談は，本人であれ家族であれ，長年の膠着状態が続
いている中，ある時（その日その時その瞬間）いよいよ決心をして相談を求
めてくるものと，我々は原則的に想定している。たとえばある家族は初来所
時に，新聞に載った当センターの記事を切り抜いて持参してきたが，すでに
数年以上経って紙が黄色く変色していた，などということも珍しくない。逡
巡しながらの想いをどう受けとめるか，第一相談窓口の我々はもちろん，さ
まざまな機関で相談を受ける専門職との初回接触は，最初のポイントである
がゆえに，時にはボトルネックにもなると我々は考えている。実際，精神科
クリニックを受診したものの一回だけで行かなくなり，その後数年を経てや
っと当センターにつながるケースなどはざらである。事情はそれぞれ違うに
しても，初回相談はやはり重要で技術やセンスも求められるため，我々はソ
リューション・フォーカスト・アプローチをベースにした対応方法（龍島ら，
2017）を心がけ，関係機関向けのマニュアルも制作した（公益財団法人北海
道精神保健推進協会，2013）。

　ここで当法人のひきこもり相談全体の延べ件数を2009年度から今年度ま
で概数で捉えると，「電話」が約4,000件，「来所面接」が約2,700件，「メ
ール」は約2,600件，「アウトリーチ」が約180件，「出張相談」が約110
件あり，総件数は1万件を超えた。一方，新規相談数で見ると2018年度ま
でで北海道においては1,660件，札幌市では1,030件あり，2019年度を含
めると計3,000件を数える。ただしこれでも，内閣府調査（2016［平成28］
年の「若者の生活に関する調査」）の出現率を北海道に当てはめた推定値＝約
7万人がひきこもり状態だと仮定すると，実際には約4～5％しか相談に繋
がっていないことになる。本人や家族が孤立しないために，どのように繋が

れるのかが課題だと考える。

　その意味で，相談窓口の周知は（おそらく全国どのセンターも共通して）常に課題となっている。マスコミが取り上げるたびに「初めて知った」という問い合わせが今でも毎年のようにあり，情報周知にはまるでゴールが見えない。その中でインターネットは年々有用性が上がっており，そこから繋がるケースが増加しているのは間違いない。その一方で，高齢の家庭はネット操作も疎い場合が多く，実際，試みに新聞の折込広告をあえて使ってみたところ，「こんな所があるのか」というリアクションが増えたこともあった。同様に，自治体の広報誌も有効だがどれも効果は一時的で，完璧な手段はない。暫定的な考え方として，ネットを常時充実させながらも，並行してさまざまな試みを続ける必要があるだろう。

　次に実務面の課題に触れると，実に種々雑多な，いわゆる「社会的ひきこもり」に留まらない相談が多く寄せられるのが，この領域の実情である。中でも，すでに精神科医療に繋がっているケースからの相談は多い。これは広義の精神保健相談には入るが，厳密には我々の対象ではない。かと言って，公的な委託を受けている以上簡単に相談終了とはしにくく，まず概要と主訴を聞きながら対応するようにしている。さらには，電話相談に特有の問題もある。たとえば，どうやらセクハラ目的らしい（「女性の相談員につなげ」と強要する男性など）電話や，道外からの相談（残念ながら対象にならない），あるいは幻覚妄想の真っ只中にあり会話にならない人からの電話など，相談として形を成さない雑多な状況への対応も求められる。実務面で大事なことは，相談を受けるスタッフが疲弊してしまわないように工夫することである。そのため我々は常日頃，複数（できればチーム全体）で状況判断を行うようにしている。専門職チームのメンテナンスとして重要な一要素である。

2）アウトリーチ・出張相談の現状

　相談に踏み切れない当事者に対する介入として，家庭訪問を中心とするアウトリーチ型の支援は，たしかに有効な手段の一つである。しかし，人的・時間的コストを要する方法であるのと，訪問による重大な弊害が時に生じる可能性もあるため，実施には事前の準備を十分に行うよう努めている。我々

と連携している北海道の当事者団体[1]理事長である田中（2017）は，「訪問支援は，支援者や家族としてのニーズはあってもひきこもり当事者からすれば招かれざる客であり，あらゆる方策を講じたとしても受け入れ難い他者である」とし，狭義の訪問支援（アウトリーチ）だけに特化した支援のあり方に警鐘を鳴らしている。我々は，このような当事者の声を真摯に受け止めたい。しかし，アウトリーチの有用性を全否定してはおらず，むしろ，その前提となる条件作りにこそ技術とセンスが求められると考える。

　具体的には，訪問の安易な実施は危険を伴うこともあることを家族ともオープンに共有しながら，まず十分な情報収集を行う。単に"家から出す"ための"引き出し屋"の役割は取らず，その人それぞれの生活や生き方に合わせたゴール設定を行えるよう，事前の家族療法的なアプローチを一定程度行うのを原則としている。

　やがて本人の心理的な状況が少しでも分かり，あまり無理のない訪問が設定できた場合には，これまで経験的に，当事者が訪問してきた支援者に強い関心を示すことも多い。まずは侵襲性の少ない挨拶程度のかかわりから始め，関係性構築のため辛抱強く訪問を継続することが必要である。同時に，ひきこもりを当事者だけの問題と捉えるのではなく，家族システム全体の機能が円滑になっていくよう，さまざまに働きかけることも並行して行う。

　さらに，アウトリーチ自体をもっと広義に捉え，関係機関とのネットワークづくりや普及啓発も含む活動と考える必要もある。たとえば札幌市においては，相談者によっては「平日は仕事があり相談ができない」「当センターまでの交通が不便」等，多様なニーズがあるため，市内各区への「出張無料相談会」を行っている。利便性を考えて市内10区すべてで，平日開催と土・日開催を併せて，区民センターなどで月4回を目途に開催している。もっと回数増ができれば理想的だが，マンパワーや場所の確保が現実的な制約となる。実際，これら広義・狭義のアウトリーチ活動は，札幌市で人員増加があった後に格段に件数を増やすことができた。

　ちなみに北海道全域については，往復に最大2泊を要する地域もあちこちある広さなので，我々が直接訪問でアウトリーチを展開するのは，物理的に全く不可能である。これについては次節で述べる。

---

1)　特定非営利活動法人レター・ポスト・フレンド相談ネットワーク（https://letter-post.com/）

3．広域支援（道内全域）をどのように行っているか

1）広域支援の考え方

　電話とメールならば，たしかに，距離を考えない相談も可能ではある。実際，遠方の当事者が電話相談を一年ほど続け，やがて本人の力で就労まで行ったようなケースも，決して多くはないがあることはある。ただ，生活・就労支援や家族同席面接，さらには自宅への訪問となれば，北海道の場合距離的にお手上げになる。やはり地元の社会資源にいかに繋げるかを考えねばならない。逆に，ひきこもり相談は内容の個別性が高いためあらゆる窓口に本人・家族が訪れることにもなり，結果として，道内各地の市町村や支援機関から「家族支援で困っている」「本人と会うことができずどうしたらいいだろうか」「受診を勧めたが，なかなか通院しない」など，支援者自身が困って当センターに連絡が来ることもある（継続的に相談がある市町村もある）。言わずもがなだが，北海道の広域性を考えた場合，それぞれの地域の相談力を技術面で上げて行くことや，地元の事情を加味した相談システム作りをゴールにする他，方法はない。そのため現状では，以下のような広域支援を行っている。

　①地域研修「ひきこもり相談会・研修会」

　我々は「ひきこもり地域支援センター」開設の当初から，関係者研修や市民講座などを行ってきた。が，さらに2017年度からは，道内各保健所を通して全市町村に具体的な意向の確認を行い，できるだけお仕着せではなく，それぞれの地域が希望する内容に沿った研修を企画するようにしている。この3カ年では道内合計53カ所で実施し，事例の検討会，親等との個別相談（地域の支援者も同席），専門職のコンサルテーション，一般市民や民生委員を対象とした啓発的な講演など，内容は地域の求めに応じて多岐にわたる。

　我々が赴いた際には直接の関係作りにもなり，その後地域での訪問や相談の継続を促しつつ，担当支援者をバックアップしていく場合もある。

　②コンサルテーション

　電話やメールなどの遠隔的な手段と，上記①の地域研修での方法等を合わせて随時行っている。

　③インターネット研修

　たとえ道内各地で直接の研修を行うのがベストだとしても，マンパワーや予算（主に旅費）を考慮した時に自ずと限界がある。そこで人材育成の一環として，ネットによる研修会を行っている。当初は双方向性を重視して生中継だったが，行政職員などが視聴する場合，リアルタイムでない方が利用しやすいという声もあり，2016年度からは録画配信に変更した。パスワードを発行することで内容の流出を避けつつ，なるべく一方通行にならないよう，参加者に簡単な感想の提出をお願いしている。我々はネットだけで研修が完結できるとは考えていないが，実際の地域研修と合わせて一つの有効な手段になるよう取り組んでいる。

　④ひきこもりサポーター養成

　ネットを使った手法は，「ひきこもりサポーター」養成にも生かされている。2015年度に「ひきこもりサポーター養成協議会」を設立し，当事者や家族会の代表と検討を重ねてサポーターのあり方を方向付けた。この協議会で議論されたのは，訪問等において「ひきこもりサポーター」を活用するのは，その専門性や倫理性の高さから考えてやや無理があり，むしろ，ひきこもりに関する「正しい知識の普及啓発」や「相談機関への相談の促し」等の，側面的なボランティア支援の方が，道内の現状におけるサポーターのあり方として適切ではないか，という方針だった。

　そこで，翌年度から「ひきこもりサポーター養成研修」をネットで行い，支援者も含め広く一般にボランティア支援に関心のある参加者を募るようにしている。録画配信を行っているが，「参加者の都合に合わせて視聴が24時間できる」「どこにいても，動画を視聴できる機材があれば自由に見ることができる」などの声があった。

　2）広域支援の課題

　広域支援を充実させていくには，我々のパートナーとなってもらう地域の拠点をどこにおくべきかが大事である。だがこのことは，これまでも法律や制度による変遷があった。一時は若者就労支援機関を核として捉えていた時期もあるが，現在は道の保健所を基本的な窓口としている。もちろん生活困窮者支援機関とも連携が求められているが，十分に有機的な関係が組めているとはまだまだ言えない。また，北海道と一言で言っても，地域の気候，産業，人口，文化，交通事情，経済状態や歴史的経緯などに多様性があり，社

会資源の状況も決して一様ではない。このさまざまな違いをどう埋めていくかは北海道の古くて新しい問題であり，これからも課題であり続けるだろう。ちなみに，インフォーマルな地域事情（たとえば，ご近所の関係など）を，プラスに転化できることも時々あり，地域の格差（というより個性）はそう単純なものではないと気付かされることがある。

　また，道内各地の専門職が，ひきこもり事例のコンサルテーションを受けやすくなるような方法も，もっと模索して行くべきだと我々は考えている。

4．関係機関との連携

1）当事者団体との連携

　北海道内では，当事者会や親の会，あるいは保健所が中心となって行う家族交流会等が，札幌だけでなくさまざまな地域で徐々に増えてきている。このような状況は，札幌を拠点とした，ひきこもり当事者団体の「NPO法人レター・ポスト・フレンド相談ネットワーク」（以下，レタポス）や，家族のグループである，「全国ひきこもりKHJ家族会連合会・北海道はまなす」などが，長年の地道な活動を通してじっくりと作ってきた背景がある。我々も当然ながら，当事者（本人・家族）との連携を当初から重視しており，これまでも互いが主催する各種研修会等で人材交流や協力を行ってきた。このように時間をかけて醸成した信頼関係があることで，たとえ立場の違いがある場面でも建設的な話し合いができ，さまざまな事業を円滑に実施できることに繋がっていると自負している。我々は，道内各地の当事者団体を貴重な社会資源と捉え，必要に応じて協力支援するとともに，遠方からの相談者に身近な相談場所として紹介することもある。

　以下には，近年，当事者団体が企画し主催している"居場所づくり"支援に，我々が側面的協力を行っている例を紹介する。

　①「よりどころ」という居場所

　この事業は，札幌市が実施する「ひきこもりに関する集団型支援拠点設置運営業務」で，2018年度から当事者団体の「レタポス」が事業を受託をして始まった。当事者団体と専門機関（当法人）が協同で運営するのが特徴で，全国的にも珍しい『公設民営』の"居場所"である。交通の便が良い札幌駅近くにある会議室を借り実施している。今の所，当事者本人の集まりが月2

回（13：30 ～ 16：00），親の集まりも別の日に月2回（時間帯は同じ）で，それぞれ15名，30名ほどの参加者が集まってくれる。

　ここにそれぞれ月1回，当センターの専門相談員が出向き，個別相談に応じているほか，親の会では家族心理教育や勉強会も行っている。個人で相談に来るのとは異なり，本事業が本人やその家族にとって家庭以外の居場所となり，精神的安定を得られる支え合いの場となる。そのことによって，本人が社会参加に向けて緩やかに動き出すとともに，支援が停滞している本人・家族が再度意欲を持てるような場を提供できればと考えている。

　②ひきこもりサポーター養成協議会

　前述したので省略するが，一つだけ。サポーターを養成して訪問させるという思いつきは，一見良いアイデアに思えるが，当事者の立場からは相当にニュアンスが異なることを気づかせてもらえる結果となり，我々にとっては貴重な経験となった。

2）就労支援・生活困窮者支援との連携

　就労支援については，当法人が直接ケースに対応する場合もあるが，地域若者サポートステーション（以下サポステ）や生活困窮者自立支援機関との連携で対応する例も多い。我々は道内8カ所のサポステ全てと連携があるが，特に札幌市のサポステとは日頃から繋がりが多い。最近は年2回ほど，当センターと札幌市サポステとの合同説明会を市民向けに行っている。

　また，当センターに直接企業から人材を求める依頼が来ることもあり，ある一つの企業では現在3名が仕事にチャレンジしている。「これまでもひきこもり経験者を雇用した事がある」とか，「社会貢献活動として担っていきたい」という心意気のある企業は，少数ながら存在する。ただし，ひきこもり経験者とのマッチングは簡単ではなく，それぞれが置かれた状況から「人目が気になる」「体力が心配」などの特性に沿った仕事内容に調整する必要があることも多い。

　生活困窮者自立支援機関とは，札幌はもちろん近郊にも同行支援を行うことがあり，就労につながったケースもある。

　個々のケース相談などは，互いに紹介しあうなど，ふだんから関係機関相互のやりとりがある。

5．医療機関としての機能とひきこもり相談

1）医療がどう関わるべきか

はじめに書いたように，当法人の基盤は医療機関であり医師を含む専門職が在籍している。歴史的な経緯から一般外来は行っていないが，「ひきこもり外来」を2013年度から実施している。これは，社会的ひきこもりの人すべてが病気や障碍を持っていると，我々が考えているからではない。むしろこれまで説明したように，多様な相談経験から，医療が全くかほとんど必要ないケースが実にたくさんあることを知っている。

ただ，多様なケースに出会うということは，個別性の高さを支援者として思い知ることでもある。「社会的ひきこもり」という言葉は，一見何かをカテゴライズしているように見えながら，その実，多様な人のさまざまな人生の局面に出会うとしか言いようのない面がある。逆に言うと，その個別性の中に明らかに医療の関与が必要な（または有効な）場合も，ケースによっては間違いなく存在するということである。ただし繰り返し言うが，全例ではない。

実際，当法人の「ひきこもり外来」を受診した人の中にも，例えば，本人に出会ってみると，実は幻聴が始終聞こえて長い間苦しんでいたケース，悩み事の背景に摂食障害による体力低下があったケース，ワーカーが地道に訪問で繋ぎようやく受診できた段階で明らかに「選択性緘黙」の診断がついた人，性同一性障害の悩みを誰にも打ち明けられずにきた人，複雑性のトラウマを抱えている人等々，実にさまざまである。もちろん実存的・哲学的問題や経済的・現実的悩みがもともとあって，しかし，よく言われるようにうつ病や強迫性障害が二次的に，ひきこもりに先行したり併発したりする例は枚挙にいとまがない。加えて，発達の問題の関与についても，その程度がグレーゾーンの場合は，医療が性急に結論を押し付けない配慮が必要になってくる。

いずれにせよ，医療がどう関わるべきかという点だけでもとても複雑で，ここでは語りきれない。だが，多職種の目線で，フォーマル／インフォーマルなケース会議のごとく日常的に情報交換しながら，医療モデル，社会モデルを複眼的に参照し関わって行くことが大切に思われる。その意味で，同一

機関の中で相談もできるし受診もできるという体制は，支援を行う側・受ける側双方にとって自由度が高いと思われる。また医療の側も，流れ作業的にケースを捉えず，病気や障碍をさほど疑う必要のない場合，本人・家族にそれをきちんと説明して相談に戻すなど，臨機応変に選択肢を持てるため，抱え込みのリスクが減るように思われる。そして，家族療法的知識はここでも，支援者・治療者を含むシステム全体の，特に関係性を振り返る際に有用である。

2）医療がどの程度役立つか

2018 年度までに，「ひきこもり外来」を経由するなどして精神科デイケアに繋がったケースは合計で 53 名いる。そこに至るまでの年数はさまざまだが，いったんデイケアに通い始めたケースの多くは 2 年ほどで就労支援機関に繋がるなど，転帰が早いと感じられる。また，若年層においては，スポーツが得意だったり，インドア派でも TV ゲームやボードゲームが上手なケースもあり，得意分野を広げた新たな活動をデイケア内で発展させ，自信を付ける者もいる。

また，同じく 2018 年度までに「ひきこもり外来」受診者は合計で 105 名おり，診察回数は 653 回に上る。外来からデイケアに移行できたケースの予後は，前記したように割合明るい。だが，逆に，外来通院だけは安定してできる段階になってからも，コミュニケーションに非常に手間と時間を要し，とても一般の精神科外来では診るのが困難なケースも存在する。精神障害自体が重い場合や，内科疾患など他の問題を抱えているケースも多い。現時点では，ケース毎に丁寧に対応するしかないというのが正直な印象である。

6．広域的支援と直接支援の両方を経験してわかること

ここまで，当法人が行ってきた社会的ひきこもりに関するさまざまな実践について述べてきた。日々の活動はひたすら手探りでやってきたのが本音だが，今回，改めて文章にまとめてみて，ほんの少し見えてきたことを簡単にまとめたい。

1）鳥の目，虫の目

個別のケースを直接支援せずに専門職が臨床を学んで行くことはあり得な

い。とは思いつつも，実践者はどうしても，目の前の状況にとらわれがちになるのが常である。例えば医師が医療モデル優先の視点に偏るのは致し方ない面もある。だが，広域的支援（地域や社会を俯瞰する"鳥の目"）と，直接支援（個別のケースに寄り添う"虫の目"）の両方が，社会的ひきこもり支援には求められることを，ありがたいことに我々はほとんど自動的に経験できているように思える。居場所づくりや当事者団体との連携，地域の相談システムづくりなどは"鳥の目"からの発想に属する。別に政治のような大所高所という意味ではない。ひきこもりという問題を抱えた本人・家族が動きやすい状況をどう作るかは，病気・障碍の有無という相手の属性とは関係なく発想できる，ということだ。

　一方，より丁寧な，相手の状況や気持ちに沿った支援は"虫の目"に属するだろうが，これとて「社会的ひきこもり」という現象を支援者がどう見ているか，その思考の枠組みと大いに連動する。もちろん精神医学的・心理的アセスメントもあって良いし，家族間および支援者とのコミュニケーションを，システム論的に捉えることも有用だと考えている。だが，それだけでもまだ足りない。

2）社会環境としての世論

　最近我々が，さらに導入が必要だと気づき始めた項目は，社会環境としての世論の側面，なかでも我が国の社会保障のあり方に関する議論である。社会学者の関水（2016）はその著書で，OECD加盟国と比較した我が国の社会保障の弱さを素描しつつ，親達の思いの中に「『働いていない』家族構成員のめんどうをみる（中略）ことが当然だという想定がある」という，とても日本人的な感覚を指摘する。また，経済学者の井出（2019）は「自己責任社会の前提にあったのは『経済成長→所得の増大→貯金の充実→将来の安心』というロジックだった。その意味で自己責任社会は破たんした」のだが，そこに「追い打ちをかけるように，市場原理や競争主義，さらなる自助努力，自己責任論が持ち込まれたのである」と述べている[2]。

　我々はさまざまな実践を行いながら，さらにその外側の環境としての日本

2）　さらに同書では，「自分よりも弱いものを叩きのめす『押し下げデモクラシー』が静かに浸透している」とも言及されている。この「押し下げデモクラシー」という言葉は，社会状況を端的に現しており非常に分かりやすい。

社会に，特にその世論という言論空間に，ひきこもり＝経済的失敗者＝道徳的失敗者としてバッシングする空気が，非常に濃厚に存在すると考えている。そのため，家族・本人が誰にも相談できず結局孤立しがちになるという，悪性のサイクルを社会が生んでいることを無視できないと考えるようになった。気軽な相談どころか，時にはスキャンダラスな事件報道で好奇の目にさらされ，結局，ひっそりと悩みを抱え込まざるを得ない空気が蔓延している。そう考えると，個々に相談してくる人は勇気ある存在に見えてくるし，そのことに我々の側もエンパワーされる。支援する側の頭の整理として，社会環境をこのように捉えておくことも必要なことだと考えている。

7．まとめと提言

以上，「ひきこもり地域支援センター」として，手探りではあるが多角的に行ってきたことを報告した。すべてのケースで成功するとは言えるはずがないが，さまざまな相談や診療，リハビリテーションを使って社会的チャンスを自分なりにつかんでいく人は確実にいる。だからこそ，たとえ現時点では不十分であっても，地域ごと，相談支援機関ごとに，今できることをやるという姿勢が，社会的ひきこもりの本人・家族に一定の相談機会を与えることになるはずだ。もちろん，道内では我々が，難しいケースや混乱した局面を地域の支援者と一緒に考え乗り切って行きたい。

また，就労が全ケースの目的だと，我々が勝手に規定することはできないし，それはおかしい。当事者の集まりなどを使って，それぞれに自分らしい生き方を見つけて行く人もいるだろうしその方が良い。お仕着せの支援を押し付けないことと同時に，とは言え，なかなか言葉になりにくい本人のニーズを引き出すことも，個別支援では必要な局面はあるため，相談技術の向上がさまざまな形で必要だ。家族療法を含めた多様なアプローチが広く普及し，関係者の多くが手近で学べる環境が求められている。

そしてさらに，社会全体が言論環境を改め，ひきこもりという現象への浅薄な誤解を止めることが喫緊の課題である。こう言うとあたかも理想論に聞こえるかもしれないが，やるべき具体的なことが，いくつかはっきりとある。

偏見誤解の是正としては，明確なマスコミ対策[3]と当事者活動の奨励が必要だ。さらに，居場所や中間的就労の場も，より具体的に制度化できるとよい。現在，ひきこもり当事者が諸団体を立ち上げ，社会的な発信が多くなされるようになったのは，数少ない良い材料である。当事者それぞれの内実は，個別性が高いからこそ，多様な発信ができる環境が本来は必要である。そうして，個々の内実が見えてくればくるほど，何が必要かも見えてくる。

　たとえば現在，「8050問題」という流行語があるが，（その言葉の評価は置くとして）少なくともその内実は，最低限2つの類型化ができるのではないかと，現場レベルの手応えとして我々は感じている。まず一つは，若年からひきこもって長期化したケース——これは家族関係がボロボロになっていて当然だと思われる。もう一つは，それなりの就労経験の後に中途退職してひきこもったケースで，こちらの方が圧倒的に数は多いように見える。だがよく考えてみれば，こちらは社会的ひきこもりと言っても，労働環境の劣化や社会保障制度の問題が直接からんでおり，本来別扱いしなければならない現象のはずだ。

　最後に，我々の社会に欠けているのは，もっと世界を広く見渡してよりよい社会保障のバランスを求め，冷静に議論する姿勢である。そして，「脱すべきはひきこもり」ではなく，「人を孤立させてしまう社会からの脱出」が本当の出口である。誰もが生きづらさを正直に語れる空間がもっと広がり，低劣な自己責任論的バッシングが後退していくとよい。そう考えると，社会的ひきこもりという現象は，行き詰った日本社会の中から生まれた，新たな胎動にも思えてくる。ただ，永遠に黙っていてはどうにもならない。

---

3)　当事者の声を入れた公式の報道ガイドライン作成は急務である。川崎殺傷事件（2019年）の時に「ひきこもりUX会議」が発信した声明などは非常に有効だったと思われる。

引用文献

井手英策・今野晴貴・藤田孝典（2019）未来の再建―暮らし・仕事・社会保障のグランド
　　デザイン．ちくま新書．

公益財団法人北海道精神保健推進協会（2013）平成24年度社会福祉事業報告書「ひきこ
　　もりサポーター地域総合育成事業報告書・テキスト」（PDFで入手可能：http://www.
　　kokoro-recovery. org/files/h24_hikikomori_supporter_report_text. pdf）

日本家族研究・家族療法学会編（2013）家族療法テキストブック．金剛出版．

龍島秀広・阿部幸弘・相場幸子（2017）読んでわかるやって身につく　解決志向リハーサ
　　ルブック．遠見書房．

関水徹平（2016）『ひきこもり』経験の社会学．左右社．

田中敦（2017）手紙を活用したひきこもり地域拠点型アウトリーチ実践―広域な北海道に
　　おけるひきこもりピアサポート活動を通して．社会福祉研究，第129号．

第5章

長野県における取り組み
地域社会におけるひきこもり支援2

小泉典章
（長野県精神保健福祉センター）

 ## 1. はじめに

　近年は若者のひきこもりに加えて，80代の親が50代の子どもの生活を支える「8050問題」が顕在化し，ひきこもりの長期化，高齢化も深刻になっている。本章では，精神保健福祉センターにおけるひきこもり支援の基本である精神保健の側面やそのアプローチについてまとめる。

　なにより，根本的な課題は，本人あるいは家族から，ひきこもりについて困っているという相談が寄せられるかどうか，という点にある。例えば，家庭内暴力がある事例のほうが，相談介入できることがある。人に迷惑をかけない，じっと自宅に潜んでいるひきこもりのケースではなく，衝撃的な事件が起こったときに，「8050問題」が問われることは多い。

　精神保健福祉センターにひきこもりの相談が持ち込まれることは，数少ないチャンスであり，どう生かすかについて，ひきこもりと関連する精神疾患について触れた後，長野県精神保健福祉センター（以下，当センター）の精神保健活動の取り組み，ひきこもりの支援体制や連携のあり方についても触れたい。また，相談がより多く寄せられるために，広範囲で複数回の広報普及活動が欠かせない。

 ## 2. ひきこもりと精神疾患

いくつかの精神疾患，発達障害（近藤ら，2010）については，当センター

で 2009 年に発行された「ひきこもりサポートブック」の中で紹介している。精神障害の治療は精神科や心療内科で受けることができ，薬物療法や精神療法が行われている。家族自身も初回面接の際は緊張したり，不安に陥っている場合もあるため，目で見られるサポートブックのような情報を提示することは有効であると考えられる。

　以下は「ひきこもりサポートブック」にまとめられている支援ケースである。

　　　Aさんは専門学校を卒業後，会社に8カ月勤めましたが，突然欠勤が続き仕事を辞めることになりました。当初両親は，次の仕事を早く探すようにという話ばかりしていました。すると，Aさんは家族と食事をとらなくなり，自室にひきこもる時間が長くなりました。困った両親は相談機関を訪れ，対応方法を一緒に考えました。その結果，①本人は口には出さないかもしれないが不安で辛く，家族の対応に工夫が必要なこと，②短期間で解決することを強く望みすぎないこと，③心身の不調がある場合は早めに病院に受診することが考えられました。翌日から両親は，本人が居間にいるときには，「おはよう」とあいさつをしたり，テレビを一緒に見る時間を作り，仕事とは関係のない話をするようにしました。すると，家の中は緊張が解け，Aさんの表情が和らいできました。また，簡単な家事を役割として分担することで，お小遣いを渡すことにしました。家族とスムーズに会話ができるようになった頃，Aさんは仕事を欠勤し始めた辺りから不眠や意欲の減退，慢性的な疲労感があったことを打ち明けました。そこで，精神科を受診し薬を飲むことになりました。しばらく治療を続けることで，睡眠のリズムは回復し，家の手伝いの回数も増えてきました。そこで，仕事を始める前段階として，地域若者サポートステーションを利用し始めました。

　川北（2019）はこのモデル事例を取り上げ，「ひきこもり状態の解消」が目標ではなく，例えば，家族が相談に来られ，家族が本人への接し方を助言され，本人が悩みを話せるようになる「家族支援」，このケースのように精神科に通院することで，心の健康を取り戻せるような「当事者支援」，人と接することに慣れたり，安心して時間を過ごせるようになる「居場所型（集団）支援」，就労に必要な知識や能力の向上に必要な訓練をする「就労支援」の4つの要素が盛り込まれていると評価している。

　以上のような「家族支援」「当事者支援」「居場所型（集団）支援」「就労支援」は必ずしもこの順序で進むわけではないが，ひきこもり支援を実施する諸機関や諸団体が共通に行っていると川北は述べている。当センターは純然たる「就労支援」は専門機関に委ねているが，「家族支援」「当事者支援」「集

団支援」について，次節に述べていきたい。なお，斎藤（2020）はひきこもり支援での藤里町の成功は，「就労支援」を前面に打ち出したことによると述べている。

　家族への疾病教育の際，気をつけなければならないのが，病気や障害とは関係なくひきこもっている若者の存在について，充分配慮することである。あくまでも，「ひきこもり」という状態は，さまざまな要因が複雑に絡み合って形成されたものであることを伝えることが基本である。その上で，精神疾患の早期支援の観点から，ひきこもりと関連がある疾患について家族が知識として知っておくことの重要性を伝えていく。

 ## 3．長野県精神保健福祉センターにおける精神保健活動

　精神保健福祉センター（以下，センター）は精神保健福祉法に基づき，都道府県や政令市などに設置され，精神保健の向上および精神障害者の福祉の増進を図るため，相談・関係機関への技術援助・教育研修・普及啓発・調査研究等を実施する機関である。センターには，医師，保健師，精神保健福祉士・社会福祉士，臨床心理士・公認心理師，等，多職種の精神保健の専門職が携わっていることが特徴である。以下に，センターの事業の中で，ひきこもり支援に関わる精神保健活動について，長野県の現況を振り返ってみたい。

　1985年度に思春期精神保健対策事業がセンターの主要事業の一つとして取り組まれることになった。当センターでは不登校の相談を中心に行ってきたが，1998年頃から学校という枠をはずれても就労の困難さ，等の理由で相談を継続している20代の青年の相談も増えていた。1999年頃から青少年の起こした深刻な事件が社会を騒がせることが重なり，「社会的ひきこもり」が注目されてきて対応が求められてきた。2001年5月に厚生労働省からひきこもり対策のガイドライン（暫定版）が配布された。2003年には厚生労働省から示された「10代・20代を中心とした「ひきこもり」をめぐる地域精神保健活動のガイドライン」が出された。なお，このガイドラインは市販されている（伊藤，2004）。2008年にはひきこもりサポートブック（先述）を作成した。2010年には厚生労働省から「ひきこもりの評価・支援に関するガイドライン」が出された。

1）精神保健福祉相談

　医師・保健師・福祉士・心理士（師）などによる精神保健福祉に関する相談が実施されている。近年の調査研究により，ひきこもりの背景に精神疾患や発達障害が認められるケースが，ある一定の割合で存在することも指摘されており，精神保健の専門機関が相談の中で評価を行い，その後の支援の方向付けを行うことは有意義だと考えられる。

　ひきこもりの分類を，厚労省のガイドラインでは，「診断と支援方針」に基づいて，第1群（統合失調症，気分障害，不安障害などを主診断とする），第2群（広汎性発達障害や精神遅滞などの発達障害を主診断とする），第3群（パーソナリティ障害や身体表現性障害，同一性の問題などを主診断とする）に分けているが，原田（2020）は，「生活支援・就労支援」の立場から，「障害」の視点により，S群（統合失調症等），A群（発達障害），N群（神経症圏）という分類を提唱している。

　なお，精神医学的診断がつかないひきこもりのケースが少なからずみられるが，ひきこもりの支援ができないということでは決してない。精神保健福祉センターに本人自身が来られた以上，相談を継続していくのは当然であるが，最近，設置されるようになった“居場所”を紹介したり，就労を希望している人には，就労支援機関を検討してもらっている。どこにも行きたくないひきこもりの人が多数ではあるが，相性が合えば，病院のデイケアや行政機関の憩いの場や，民間の社会福祉法人，NPO法人の居場所が，ひきこもりに人にとって，安心感を保証できる空間になることもある。当センターが最近行った社会資源調査（後述）では，ひきこもりのみを対象とした民間団体の居場所は激増していた。久世（2020）は「居場所事業」に否定的だが，利用できるサービスが限られている以上，メニューは多彩である方がよいと思われる。

2）技術援助

　地域で対応に困難が生じているケースに対して事例検討会で助言を行ったり，保健所，市町村等において，ひきこもりに関する相談窓口を設け，その地域の住民の相談を受けることもできる。一つの組織で対応が難しい場合には抱え込まず，センターに相談してみることが望ましい。

3）教育研修・普及啓発

ひきこもりに関する研修会を実施しているセンターも多い。先進的な取り組みをしている自治体や団体の取り組みについて実践報告会が行われると，他の機関にとって事業を進める際の参考になることもある。一般向けの講演会もひきこもり相談の敷居を低くする。当センターが映画『アンダンテ　稲の旋律』の上映会に協力した際は，大勢の観客が参加された。

4）精神保健福祉センターでの支援活動

①家族支援

 i）個別面接

ひきこもりの相談は，家族相談から開始されるケースが多い。気軽に相談に立ち寄るケースは稀で，家族がいよいよ問題を抱えきれず，思い余った末に来談されることが多い。まずは丁寧に家族の想いを聴いていく。家族の中には「本人が相談に来ないと何も変わらない」と思い込んでしまっている場合もあり，家族のみの相談では意味がないと判断し，一回の相談にとどまってしまうこともある。家族支援とは家族相談が継続されることが前提である。

 ii）家族教室と家族会

ひきこもりの家族支援として，「ひきこもり家族教室」を実施しているセンターもある。家族が集まることの意義について伊藤（2004）は，同じような問題を抱えている複数の家族で構成されているグループに参加することは，「特殊な問題を抱えてしまった」と感じていた家族がよく似た立場の人に出会う場となり，孤独感の軽減や安心感が得られる場ともなると述べている。ひきこもり家族教室のプログラム構成としては，心理教育的アプローチが中心となり，そこに家族交流の機能を持たせる場合もある。最近は認知行動療法プログラムである CRAFT（Community Reinforcement And Family Training）も推奨される。

ここで，当センターのひきこもり家族教室の発端についても振り返ってみたい。2001 年にひきこもり相談が増加する中で家族に対してひきこもりに対する知識や理解を深め，家族の精神的安定を図ることを目的に 4 回シリーズとして当センターで開催された。またこの時期にオープンな形での集まりとなったひきこもりの親の会（家族会）の例会へ協力を行った。親の会を行う中でひきこもり青年の居場所づくりの声があがり，長野市の家族会である

さざんかの会運営委員会と当センター職員で 2001 年 9 月「アトリエ虹」設立準備委員会を発足させ，2002 年 4 月 1 日に開所の運びとなった。

　2010 年ひきこもり支援センター設置以降は各地域における家族教室普及を目的に，圏域ごとに保健所と共催で家族教室を実施していった。家族教室で家族会の設立を支援する動きは，当初のさざんかの会設立支援を嚆矢とし，今日までそのムーブメントが継続している。実際，2 つの保健所（諏訪，松本）管内で，家族会が立ち上がっている。家族会は，孤独感の軽減や安心感が得られる場になり，極めて重要な集まりとなっている。

　②当事者支援（個別支援）

　i）面接相談

　ひきこもり支援において，当事者と面接相談ができる段階は，ひきこもりの状態から，かなり前進した状況と考えられる。本人がどのような経緯で相談に訪れたのか，聞き取りをすることは，その後どのようなアプローチをするかを決める意味で重要である。自ら情報を集めて来たケースの場合には，社会との再会段階に近いと考えられる。一方，家族からの強い勧めがあり，仕方なくやってくるケースもある。この場合は，本人の来所自体をねぎらうとともに，本人に性急に変化を求めず，「一回ではよく分からないので，定期的に話をする中で，何か一緒にできることがないか考えて行きたい」といった相談者の慎重な姿勢が必要である場合が多い。

　ii）電話相談

　直接来談できない当事者への支援として，電話相談が選択肢として挙げられる。この方法は直接会うことの難しいひきこもり事例にも，きっかけがあれば適用できる。最初の数回の電話は，相談の仕組みや次回の電話の約束に止め，5 分・10 分といった短時間の方が相談者の負担も少なく，支援が長く継続されやすいように感じる。しばらく，そのような会話を続けると，段々と電話で話すという状況に慣れてきて，「電話相談を続けても大きな変化は起きない」ということに気がつき，安心感が持てるようである。

　③当事者の集団支援（居場所づくり）

　センターではひきこもりの若者や思春期の子ども達を対象としたグループを実施しているところもある。個別支援段階から，社会参加への中間的な居場所として利用されている。内容は，レクリエーション，SST（Social Skill Training），スポーツ，調理実習，外出活動等，さまざまである。参加者のニ

ーズやそのグループの目的に沿って活動は決められている。グループ活動と並行して，個別面接を行うことで，グループの居心地や希望について聞き取ることができ，ドロップアウトを防ぐことができると考えられる。芦沢（2018）は市町村でもできるような集団支援のノウハウを紹介している。

　ここでも，当センターの青年期グループの変遷を振り返ってみたい。思春期精神保健対策事業として，不登校児グループを1985年度より開始している。1987年度は週2回，中学生・高校生を対象として始めたが，徐々に高校を卒業した年齢の人も年度を継続して参加するメンバーが多く増えてきていた。1994年度から思春期グループと名前を変えて実施してきた。1999年から20代の青年の相談増加とともに，その年齢の人も参加するようになった。2003年度以降は20歳代前半の男性数人を中心メンバーとするグループだった。グループの活動の構造や内容は，構成メンバーの各自の状態やグループダイナミクスにより変化している。2010年からグループ活動はひきこもり支援事業の一環として，20代から30代前半のメンバーを中心に，青年期グループと名称を変え，継続した。2015年からは20代から30代の年齢層のメンバーでグループを構成した。以降，2019年まで同じスタイルで実施されている。

5）調査研究

　精神保健に関する調査研究を行うのも，センターの大切な役割の一つである。大沼ら（2011）は，2009年11月に県内の全市町村のひきこもり支援の対応状況について調査を行った。調査内容は，①2008年度に受けたひきこもり相談の実人数や支援延べ件数の実績，②ひきこもり本人，家族の相談支援の対応状況，③ひきこもり当事者のグループ活動やデイケア，居場所支援の状況，④ひきこもりの訪問支援，⑤ひきこもりに関する講演会の開催や情報の普及啓発，家族教室，⑥連携機関，等についてである。このような調査を実施することで，地域ごとの支援状況を明らかにし，エビデンスに基づいて支援施策を立てることが可能となる。この調査結果をもとに，長野県ひきこもり支援センター開設につながった。2014年度の氣賀澤ら（2015）の調査では，前回の調査から5年目を迎え，ひきこもりに関する支援が地域においてどのように行われているか，行政機関のみならずひきこもり支援を行っている機関からの情報を調べるために実施した。2019年度は前回調査か

ら 5 年目となるため，再度，行政機関とひきこもり支援機関の調査を実施した。支援機関はまいさぽ（後出），障がい者総合支援センター，民間支援団体，地域若者サポートステーション，ジョブカフェを対象とした。行政機関以外の支援機関に，実に約 4 割の相談（延べ件数）が寄せられていることが判明した。

6）長野県ひきこもり支援センター設置後の精神保健活動

　こうして，2010 年長野県ひきこもり支援センター設置に至るが，その活動について紹介したい。厚生労働省では 2009 年から「ひきこもり対策推進事業」を創設した。それを受け，長野県でも長野県精神保健福祉センターに併設という形で，長野県ひきこもり支援センターが設置された。ここではひきこもり支援関係者研修会，ひきこもり相談担当者研修会，地域会議など研修会を企画している。また，2010 年「ひきこもり支援センターのご案内」，2011 年「ひきこもりに悩んでいるあなたへ」，2015 年「ご家族のためのひきこもりガイドブック」のリーフレットを作成した。2020 年には長野県職員向けのひきこもり支援のオンライン学習用テキストを作成した。

　2019 年度の活動について，以下に紹介する。4 地域に設置されている「子ども・若者サポートネット事務局（次世代サポート課から委託されている民間団体）」主催の全体調整会議が連絡協議会の機能を担うことになり，地域会議は発展的解消を遂げている。また，地域福祉課が民生委員の協力のもと，2018 年度に実施した「ひきこもり等に関する調査」を受けて，支援関係者への地域ごとの研修機会の必要性を考え，7 圏域で市町村職員，まいさぽ職員等向けのひきこもり支援従事者研修会を企画開催し，3 圏域については当センターの職員が保健所等主催の研修会の講師として出向いた。まいさぽとは，生活困窮者自立支援法に基づく，ひきこもりを含む生活困窮者の相談（自立相談支援）にあたる県および市にある生活就労支援センター（長野県社協が受託している）を意味する。まいさぽのスタッフはひきこもりの研修会に当初，当惑されていたが，すぐに習得された。

　全体の研修会としては，地域保健総合推進事業による「中高年齢層のひきこもり支援についての研修会」を招致し開催した。昨年の推進事業のアンケート調査で，県内 130 カ所の地域包括支援センターに配布，回収できた 58 カ所のうち，ひきこもりに関係する事例が 37 カ所にあるという調査結果も

得られた。調査の報告も兼ね，地域包括支援センターにも研修会案内を出したところ，多くの参加者があり，ニーズの高さが伺えた。今後もまいさぽ，地域包括支援センター等，さまざまな機関との連携が重要である。県内で父親による長期ひきこもりの息子への殺傷事件の判決が出たこともあり，「暴力を伴うひきこもりの家族支援について」のテーマでひきこもり相談担当者研修会を開催した。

　2019年度だけでも，ひきこもり支援に関していくつもの重層的な対策を試みているが，県型のひきこもり地域支援センターの限界もある。次年度，圏域のまいさぽに，市町村とも連携できるひきこもり相談対応の伴走型コーディネーターが配置される予定である。

7）ひきこもりサポーターについて

　2013年度，厚生労働省のひきこもり対策推進事業の拡充により「ひきこもりサポーター養成研修・派遣事業」が導入された。ひきこもりサポーターは行政や医療機関のアウトリーチ活動や居場所づくりとは異なり，当事者が最初，警戒感をあまりいだかないメリット（ピアサポーターは特に）がある。

　当センターでは派遣事業を予定している市町村から依頼を受けて，サポーター養成研修を行っている。2015年度に県内で初めて大町市にて養成研修を行なった。2018年度には飯島町にて，新たに養成研修を行なった。

4．地元紙の連載で知り得た，ひきこもりからの回復事例

　医療機関や行政機関が介入しないでも，周囲のサポートでひきこもりから回復しつつあるBさんのことを，地元紙の上野記者（2019）の連載で知ることができ，その支援者は当センターと関りの深い方々であることも驚きだった。以下，記事から抜粋し，引用する。

　　ひきこもりの状態には，どんな支援が大事になるのだろうか。11年前に取材で出会ったBさん（38）が歩んできた道のりとその家族，周囲の人々の姿を通して改めて考えたい。
　　「もっともっと楽しんでいきたいと思います。これだけ人が集まっているんだから，いろんな人と関わっていきたいなって。泣きはしないけれど…」
　　通信制高校の学園祭を締めくくる彼のあいさつは，堂々としていた。"彼"とは「通信

制の生徒会」の会長を務める3年生のBさん。年の離れた生徒たちと，ダンスやじゃん
けん大会などを楽しむ姿は，自宅でひきこもっていた時とは，別人のように明るい。取
材した当時は，壁に穴の開いた室内でこたつに入り，背中を丸めていた。

　ひきこもり始めたのは15歳の春。県内の高校に入学して3日目，登校する気が起き
なかった。「体というより，心の方がもう無理でしたね。完全にエネルギー切れという
か」ひきこもり状態は15年以上に及び，2017年4月に通信制高校に入学する頃まで，
不安定な時期を過ごした。

　ひきこもって何年かすると，昼夜逆転の生活のパターンができた。数年後，インター
ネットを通じてほかのプレーヤーとチャット（画面上での会話）ができるオンラインゲ
ームを始めた。仲良くなった2人は，年下の高校生だった。暴力も少なくなった。だが，
やがて2人は高校を卒業したようで，だんだん疎遠になった。自分は変わらず，出口が
見えない。「死ぬしかない」と思い詰め，何度か自殺未遂もした。「ひきこもりは苦しい。
死にきれなかったのは，本当は死にたくなかったからだと思います」。

　「元ひきこもりのBです」。5年ほど前のある夜，GA（ギャンブラーズ・アノミマス）
のミーティングでこう自己紹介するBさんの姿を，ミーティングに誘った叔父のCさん
は，信じられない思いで見守った。5，6人の自助グループのメンバーの中に交じり，B
さんは15年余りひきこもって，ゲームにはまったことや，母親に"虐待された"と感じ
ていたことなどを手短に話した。

　Bさんは「地域若者サポートステーション」に週2，3日のペースで通い，2016年ご
ろから，人間関係や社会生活を学んだ。2017年4月，高校の通信制に入学した。2017
年9月，自宅を出て，他の生徒たちと市内のシェアハウスで共同生活を始めた。1人の
世界を脱し，24時間，他者とコミュニケーションを取ることが求められる。2019年10
月中旬，Bさんは約2年間暮らしたシェアハウスを出て，市内のアパートで1人暮らし
を始めた。

　以上が，連載記事の抜粋であるが，懸命にひきこもりから脱しようとする
Bさんとそれを支援する何人かの人々がおられる。ひきこもり支援を実施す
る諸機関や諸団体が共通に行っている「家族支援」「当事者支援」「集団支援」
「就労支援」の段階を川北（2019）は指摘しているが，Bさんの場合，その
段階をアレンジするコーディネーターがいたわけではないのに，そのタイミ
ングに必要な支援をしてくれる，相応しい支援者に不思議と出会っている。
Bさんは，カウンセラーと出会い，ギャンブル依存症の自助グループに参加
（GA）し，若者の自立を支援する学園へ通学しながら乗り越えてきた。Bさ
んのひきこもりから脱したいという強い思いが支援者を引き寄せたのかもし
れない。このようなケースは決して多くはないが，ひきこもり支援は画一的
で決まったものはなく，それぞれのケースによって，さまざまであり，息の

長い支援が必要だということは共通するのではないだろうか。Bさんは，二度とひきこもりには戻りたくないと回顧している。

 ## 5．おわりに

　ひきこもりは，近藤ら（2010）によれば，精神障害，発達障害，その他の精神疾患に関係するような病態に区分されるところから，精神保健上のアプローチは始まるのだが，ひきこもりケースのすべてが診断され，精神科医療が必要なわけではないことを繰り返し強調したい。薬物療法の有効なケースもあるが，概して，心理社会的な支援が中心であることのほうが多い。ひきこもりは単一疾患ではなく，背景も多様で複雑であり，成因や対策を一様にまとめることはできない。近藤（2017）の唱える事例性に基づいた，専門的な包括的なアセスメントが不可欠である。

　内閣府が実施した40歳以上を対象とするひきこもりの調査では40歳から65歳のひきこもりが61万人もいて，39歳以下より多い。そこで，高年齢者のひきこもりについても，若者のひきこもりと同様に，ともに考えていくべきだとした。高塚（2019）が指摘するように，高年齢者が見せるひきこもりという現象と若者が見せるひきこもりという現象の背後にあるものが同じものであるかという疑問もある。また，高塚は行政的なひきこもり支援が「就労支援」に傾き過ぎているのではないかと指摘する。行政的には近年，ひきこもり支援は生活困窮者支援領域に括られるようになっているが，その支援に長年，携わってきた藤田（2019）は，その立場から中高年ひきこもり支援を取り上げている。ひきこもりの行政的支援（辻本ら，2019）において，精神保健福祉センターや保健所，市町村の役割は今後ますます高まっていくのではないかと考えられる。

　＊本稿で紹介したリーフレット類は，当センターのホームページからダウンロード可能である。

引用文献

芦沢茂喜（2018）ひきこもりでいいみたい．生活書院．
藤田孝典（2019）中高年ひきこもり．扶桑社新書．
原田豊（2020）支援者・家族のためのひきこもり相談支援実践ガイドブック．福村出版．

池上正樹（2019）ルポ「8050問題」．河出新書．

伊藤香織・小泉典章（2021）長野県におけるひきこもり支援の現状と課題．信州公衆衛生雑誌，15(2)（印刷中）

伊藤順一郎監修，ひきこもりに対する地域精神保健活動研究会編（2004）地域保健におけるひきこもりへの対応ガイドライン．じほう．

川北稔（2019）8050問題の深層―「限界家族」をどう救うか．NHK出版新書．

氣賀澤徳栄・小泉典章・三枝祥子（2015）ひきこもり支援センター設置後の長野県のひきこもり支援の現状と課題―市町村の調査結果より．信州公衆衛生雑誌，9(2)，107-113.

近藤直司（2017）青年のひきこもり・その後―包括的アセスメントと支援の方法論．岩崎学術出版社．

近藤直司・清田吉和・北端裕司ら（2010）思春期ひきこもりにおける精神医学的障害の実態把握に関する研究．厚生労働科学研究（こころの健康科学研究事業）「思春期のひきこもりをもたらす精神科疾患の実態把握と精神医学的治療・援助システムの構築に関する研究」（主任研究者：齊藤万比古）平成21年度総括・分担研究報告書．

厚生労働省（2010）ひきこもりの評価・支援に関するガイドライン．

久世芽亜里（2020）コンビニは通える引きこもりたち．新潮新書．

大沼泰枝・小泉典章・竹内美帆・疋田泰規（2011）長野県のひきこもり支援の現状と課題―市町村への実態調査結果より．信州公衆衛生雑誌，5(2)，111-117.

斎藤環（2020）中高年ひきこもり．幻冬舎新書．

高塚雄介（2019）高年齢者のひきこもりについて．心と社会，178，52-63.

辻本哲士・白川教人・原田豊ほか（2019）保健所，精神保健福祉センターの連携による，ひきこもりの地域生活支援の状況と課題に関する研究．精神神経学雑誌，121(7)，527-539.

上野啓祐（2019）リボーン・ひきこもった彼の歩み．信濃毎日新聞11月25日〜12月30日まで連載．

第6章

わたげの会における取り組み

民間におけるひきこもり支援1

秋田敦子
（特定非営利活動法人わたげの会）

 ## 1. はじめに

　特定非営利活動法人わたげの会・社会福祉法人わたげ福祉会（以下，わたげ）では，1997年から不登校・ひきこもり支援を行ってきた。2012年4月からは，厚生労働省からの委託で，新たに「仙台市ひきこもり地域支援センター」を設置し，不登校・ひきこもりの青少年（以下，彼ら）の社会参加をトータル的に支援する活動に携わってきた。

　特定非営利活動法人として活動をしている中で，同じスペースで過ごすことが難しい（障害や自閉症等未受診状態）だろうと思われる人も混在していることに直面し，少し柔らかで医療が必要な人のための居場所をと思い，社会福祉法人を設立し本人の希望でどちらでも選べるようにした。並立してあることで，同じ目標を自分の状態に応じた場所で展開できるようになっている。

　2019年の内閣府の調査によれば，全国でひきこもり状態にある人は，推計百万人以上である。ひきこもりといっても部屋から一歩も出ない人から，外には出るが趣味やコンビニ以外は自宅で過ごすという人までさまざまである。また，推計百万人いるひきこもり状態の人のうち，60万3千人が40歳から60歳代であるという。80代の親が，40歳から60歳のひきこもりの子どもの面倒をみることになり，8050問題が表面化した。

　わたげでは23年に及ぶ活動をとおして，彼らの社会参加までのプロセスを段階的に捉え，それぞれの回復の道のりをストーリー化（支援者が個々の

社会参加へ繋ぐための道筋を予測）することができるようになった。支援者が彼らの先行きを見通せるようになり，彼らの社会参加までに必要な道筋が明確になってきたのである。社会参加までに必要な道筋は，例えばＡ君の目標が大学進学であれば，学ぶために必要な集中力を身につけるためにスポーツや仲間との集団活動をしながら学習支援を行う。就労を目指すＢさんの場合は，Ａ君と同じようにスポーツや集団活動もしながら，当法人で依頼を受けているさまざまな企業での仕事体験を仲間と経験しながら，最終的に外での仕事へチャレンジする。一人ひとりのひきこもりの状態に応じて皆異なってくる。ここでいう回復への道のりのストーリー化とは，その一人ひとりに応じた具体的な種々の支援策を計画することである。

　一方で，一人ひとり違ったきめ細かい支援が必要なのに，社会でのリソースが乏しいのが現状である。私たち支援者の行き詰まり感と，課題解決のためには，社会全体で取り組まなければならないと痛切に感じるようになった。一口に社会参加と言っても，その言葉の意味の重さを充分理解したうえで関わっていくことが重要である。

2．なぜひきこもるのか

　ひきこもりとは，さまざまな要因によって社会参加の場面が狭まり，自宅以外での生活の場が長期にわたって失われている状態のことで，誰にでも起こりうる社会現象である。背景には個々の資質や家族関係・本人を取り巻く環境など，さまざまな要因が絡み合っている。ところが，社会では彼らの状態だけが誇張されて受けとめられ，問題化されて取り上げられることによって，家族も彼らもますます外（社会）に出にくくなってしまうのである。

　彼らは突然ひきこもるのではなく，それぞれの関わりの中で徐々にストレスをため込み，これ以上対処ができない状態になって，自らの決断で安心できる自宅にひきこもりだすのではないかと考える。そして，少し休んで，やる気を起こして再度動こうと思う。ところが，少しだけ休むために安心できる自宅を選んではみたものの，家族からのプレッシャーや本人の焦り等で，自宅も居心地が悪くなり，かろうじて安全な場所として自室に閉じこもるようになっていく。好んで自室で過ごしている訳ではなく，家族の中で過ごすことに負い目や引け目を感じるために，家族と過ごすことを避けたり，居心

地が悪いと感じるリビングを避けて過ごしているのである。

　ひきこもりは必ずしも精神的な問題を抱えているのではなく，近代化の進展によって生み出された無菌化，均質化された環境が子どもたちに多種・多様な経験をする機会を失わせ，それが「ひきこもり」の遠因になっているようにも思える。多くの場合，問題解決のために求められているのは，医師対患者という関係ではなく（もちろん医療を必要としている場合もある），通常の人間関係の構築であると考える。

3．ひきこもりの多様化

　わたげでのひきこもり支援が 24 年目を迎える中で，二十数年前の彼らと現在の彼らを比較すると，彼ら自身の本質的なもの（優しさ・真面目さ）は変わらないが，社会や家庭環境によってもたらされる影響が顕著に表れているように思う。

　二十年ほど前のわたげに集ってきた人の年代は，年齢が 10 代から 20 代がほとんどであり，何とか時間をかけずに，彼らの望む修学（大学・専門学校）や就労へと進んで行くことができた。しかし，ここ十数年を振り返ってみると，ひきこもり年数が長期化した 20 代後半から 30 代が多くなり，最近では 40 代，50 代に至った人の相談が増えつつある。親の年代も高齢化し，親亡き後の我が子の将来を危惧された内容の相談が徐々に多くなった。

　近年は，彼らの高齢化のためか，彼らの心の中に入ることが容易ではなくなってきていると感じている。彼らにとっては，外の世界に出ていくエネルギーにどれだけの勇気を必要とするのか，わかってもらえない辛さがあるはずである。ある年齢を境に，彼らは現実を直視できなくなるのか，しようと思わなくなるのか，心も平坦に見える時がある。何も考えない時間をあえて作り出し，その時間をひたすらパソコンやゲームで過ごそうとするのである。彼ら自身の中で，まだ間に合うと思える年代から，もう間に合わないだろうと思えてくる年代があるようである。将来の大きな不安を一人ではなすすべがなく，さりとて現実の自分と向き合うのは怖いし，第三者に相談する（弱みを見せる）こともできない。親にも自分自身にも心を厚く閉ざしているが，本当は頭の片隅では，「何とかしたい，助けてほしい」と思っているはずである。しかし，現実を直視しようとすれば，同年代の人に比べて自分がさまざ

まに遅れているという事実に突き当たり，それが行動を止めてしまうのだと考えられる。

　ひきこもりが長期化すればするほど自室で過ごすことが当たり前のようになる。家庭でも姿が見えず会話が成り立たなくなっているために，家族との面談も，まずは手探り状態の中で行われる。家族の困り感はほとんど共通しているが，親が我が子の困り感をどれだけ理解しているのかが見えない。ほとんどが一日でも早い自立（経済的自活）を望んでおり，私たち支援者の力が試されてくる。

　私たち支援者が，面談を重ねていくことにより，家族は，彼らがなぜ自室で過ごすことが多くなり，家族との会話もままならなくなったのかを，理解するようになる。そして，その解決策の第一歩は，彼らが自室で過ごすことが退屈だと思えるようにすることである。そのためにはまず家庭内が変わることが必要であり，支援者はそのための実践できる具体的な工夫を考え，提供していく。その結果大きな変化をもたらすことになると考える。

　彼らの社会参加・社会復帰を果たすためには，通常の人間関係を育める場所と長期的な視野に立ったさまざまなプログラムやメニューを用意する必要があり，他機関との連携を密に取っていく必要がある。

4．社会参加までのプロセスと課題

　普通であれば家庭を築いているであろう年代の人への支援は，どこでどのように社会参加までの道のりを築いていくのかが非常に難しい。これを社会の大きな問題として捉え，彼らが自分自身と向き合い，自分の人生を肯定できるような支援体制を整えることが急務である。

　不登校・ひきこもりの背景や状態像に関しては，ほとんどの支援者は理解している。しかしながら，相談が家族から始まっても，彼らが支援の場にやって来るまでにはある程度時間を要することが多い。そのため，相談が中断したり他の相談機関を紹介されたりと，支援がスムーズに進まずにひきこもりが長期化することもある。家族の焦燥感と支援者の先詰まり感が，状況をますます悪化させ，彼らを孤立化させていく状況がある。

　相談機関の対応もバラバラである。しかし，本人が支援の場に現れなくても，家族からの相談を継続的に丁寧に行うことで，彼らの姿や関わり方，外

への一歩へのヒントが見えてくる。彼らの年齢や現在の状態像のみを見て焦り苦しむ家族に対して，家族本来の力を取り戻すためのプロセスをプログラム化し（継続面談をとおして家族と支援者の信頼関係を構築し，集団教室で家族がそれぞれの心理を学び，家族の力と我が子の可能性を見つけていく），家族が家庭で実践できるように家族が学ぶための場を提供することが，回復のプロセスをスムーズにしていくのである。

 ## 5．家族の役割

　ひきこもる状態になる人は，外でのストレスに対処できなくなって自宅にこもるわけだが，その時点では自分に何が起こっているのか全くわからなくなっている。突然家にひきこもるのではなく，徐々にひきこもる準備をしだし（意図的ではなく）なんらかのきっかけで気が付いたら自宅で過ごすことが多くなり，やがてひきこもり状態となる。

　ストレスに対処できなくなる状態を，車に例えてみよう。車は，なぜ動き回ることができるのか。もちろんガソリンが機動力になっている。ガソリンが満タン入っていたら安心して車を走らすことができるが，エンプティランプが点灯している状態では心細くなってくる。同じように人間にも身体を動かすためのガソリンが必要だとすると，人間が頭で考え，それを行動化するためには十分なガソリン＝エネルギーを持っておく必要がある。そのガソリンを保有している間は動くことができるが，補充されなければやがてガソリンタンクは空になってしまう。そうなってしまったらいくらアクセルを踏み込んでも（動こうとしても）思うように動くことができないのである。車ならガソリンメーターを見るだけで残量がわかるが，人間はそうはいかない。家族も本人もガソリンの残量が測れず，気付いたら予期しない状態になっているのではないかと考えられる。外見的にはちょっと後押ししたり頑張れば動けそうに見えても，動くためのガソリンを使い切っていれば，いくら動こうと焦っても思うように動くことができない。ガソリンを給油できないまま自宅にいることは，ガソリンタンクが空っぽの車をガレージに入れたままの状態と同じだと考えればわかりやすいのではないだろうか。

　支援は家族相談からスタートすることがほとんどであり，家の中にいる彼らに直接アプローチすることはかなり難しいことであるが，家族は早期介入

を望む場合がほとんどである。支援者ができることは，彼らにとって一番近い存在である家族を援助者として育てることであろう。家族が変わることで，彼らはより自然な状態で動き出せるのである。家族に我が子にエネルギーを注入する給油係になってもらうと考えれば，エネルギーとなるものや給油の仕方を教えるのが支援者の仕事ということになる。

　そこで，彼らを動かすためのガソリン（エネルギー）とは何かを家族と共に考え，それらを家庭内で実践していくためのプロセスを作ることが非常に重要となる。さらに，家族がそのノウハウを身につけていける場が必要になってくる。家族援助には個別の面談も必要であるが，家族が同じ悩みを共有し合い，共に頑張れる仲間を持つことも必要である。「わたげ」ではそのための家族教室や支援者，家族教室の仲間＝ぴあサポーターによる訪問，父親勉強会等を定期的に行い実践している。（図１）

　なぜ家族との関わりに力を注ぐかといえば，家庭の中で社会とのつながりが途絶えている大切な我が子の第一歩は，あたたかな家族の後押しで送り出してほしいからである。そのためにも家族を支え，家族のエンパワーメントを高めるための，家族の学ぶ場が必要になってくる。その中で家族の成長がみられてくるものと考えるからである。

　最初のステップでは，家族自身が失ったエネルギーを取り戻すことが必要であり，我が子に給油するためのガソリンをためていくためのプログラムが必要になってくる。

　次のステップでは，我が子のために考える力と，実践していく具体的な工夫を学ぶためのグループ（場）が必要である。工夫を家庭内で実践してその結果を話し合い，振り返りながら家庭内と我が子にガソリンを注入していくのである。この作業を手を替え品を替え行うことで，必ず変化が現れてくる。これらの過程を家族があきらめずに継続していけるような工夫が支援者にも必要である。

6．社会参加に向けて

　家族支援を続けると，やがて本人が「居場所・フリースペース」に来所するようになる。とはいえ，彼らは積極的にやって来るわけではなく，ほとんどは背負っている空白の時間分だけ不安と恐れを持ちながらも，親のためと

わたげの支援の流れ

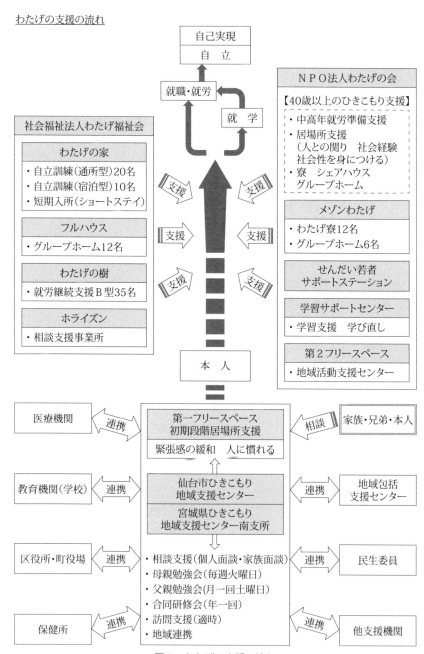

図1　わたげの支援の流れ

将来に対しての不安を何とかするために，大きな勇気と自己決断を持ってやって来るのである。

　彼らは「居場所・フリースペース」で，これまでできなかったこと，やりたかったこと，誰もが経験するようなこと等を仲間と体験・経験しながら，個々の目標を定め社会参加へと導いていく支援を受けていくことになる。

　ここで彼らは自分を知ること（存在価値を高めること），自己肯定感（他者からの承認），他者を認める（心の余裕），興味の幅を広げる（挑戦する力），考える力と決断力を身につけてゆく。

　仲間との関わりの中で，ガソリンを満タンにして，自らの力を取り戻して旅立つ日を楽しみにしながら通い続けるのである。

　これからが，彼らにとっての本番が待っているわけだが，そう簡単にいくわけではない。世間では働いているはずの年代に達している彼らは，まず「働くイメージと働いているイメージ」を持てるようになることに，時間を要する。というのも，彼らの中には「働くイメージ」を持っていない者も多いからである。

　40年以上前から，彼らの親はわが子の将来が安定する方法として，大学だけは出してあげたい，大学さえ出れば良い会社に就職でき，将来も安心，親の務めも終わりと考え，子どもには「あなたのため，親も頑張るから大学だけは卒業して欲しい」と，良かれと思って子どもにメッセージを送ってきた。彼らの中には，大学に入りさえすれば「子どもの役割は終わった，これからは自由だ，親のために頑張った」というように，大学入学がゴールと思い込んでしまう者もいるようだ。全ての学生がそうであるわけではないが，大学在学中の若者や中退者の面談をしていると，何か物足りなさを感じることがある。彼らからは，「小さい頃から大学へ行くのが当たり前で，とにかく大学進学が目標で，その後のことはあまり考えず，何とかなるだろうと思っていた」「入学して開放感を味わい，気が付いたら就活時期になり，働くことに不安を感じだし，就活に臨むことが怖くなって動けなくなった」等の声が聴かれる。

　彼らの目標は，大学入学であり，自分の人生を描くことを忘れているように思う。将来像を描くための体験，経験が乏しく，人と関わる怖さが，社会への最終段階に来たときに動きを止めてしまうのである。彼らは，さまざまな人がいる中で最初からミスのないようにできなければならない，全てに臨

機応変に対応しなければならないと思っているようだ。人との関りが希薄な若者ほど，働くことへの不安が増してくるようである。

　それは，彼らの育った環境や家族形態，仲間との関係からくる脆弱さなのか，大勢で関わる人間関係よりも，年齢と共に少人数を好むようになり，遊びや情報収集にも，自ら出向くよりネットで得たり，遊びもゲーム等，顔の見える関係より一人を選ぶことが多いところ等からきているようにも思える。

　目前に，広い社会へ出なければならない日が迫っているのはわかりつつ，今，時間を潰すアイテムが整っている環境を捨てきれないことが，ひきこもりを長期化していき，なかなか現実を直視できずに悶々としている原因の一つであろう。

　ここで，再度8050問題に戻る。先に述べたように，年代によって彼らの心境は常に変わっているが，これまでのわたげの活動から見えてきたことは，30代半ばまでは，家族等の後押しで本人が支援の場に現れることも多いが，30代後半からはかなり動きにくくなってくる印象である。「もう間に合わない・今更」の時期に達したのかとも思う。面談では，40代の人は表面では焦りを見せることは少ない。「仕事を求めているのなら，紹介しますよ」と言っても，彼らは「はい。お願いします」とはならない。青ざめて下を向いてしまうのである。この先の不安もあるし，親から「何でもやればできる，親も限界」だと言われれば，動かざるを得ない。しかし心の中では，自分には空白（経験・体験）があり，何も身についていないことがよくわかっている。「仕事はしなければならないけど……」なのである。

　そんな彼らが，直接ハローワークに行くのではなく，私の前に座ってくれていることからも，彼らにとっては，ハローワークへ行くこと，就労に向けて動くことはかなりハードルが高いことであるのがわかる。就労はしたいが，人馴れしておらず，身についていないことがあり過ぎて怖い。独りぼっちで過ごしていた自分と，社会で揉まれて元気良く働いてきた人とのギャップを痛切に感じている。それでも，人の中で安心して関われる自分になりたいと願っているのである。

　そんな彼らの言葉で言い表せない気持ちに，私たちはどのように対応すれば良いのか。国は「ひきこもり施策」として「困窮者自立支援」「即就労」「福祉的支援」「就労準備支援」等の指針を出しているが，果たして彼らにマッチングしているかどうかを考えると，正直不安を覚える。

7．ひきこもり支援はどこに視点を置いたら良いのか

　ひきこもりの支援にあたっては，ひきこもりの概念そのものの捉え方を変えることが必要である。姿は見えずとも彼らは彼らなりの価値観を持ち，社会のことは常に感じながら，自分との戦いをしているのだということを理解したうえで関わることが大切であろう。

　問題を抱えた難しい人であると見ていくと，即，「訪問をしなければ」「医療機関に繋がなければ」「専門家を交えたケア会議を行わなければ」等と考えがちだが，明らかに疾患や暴力等があると判断される場合を除いて，実は彼らは難しくはないのである。

　彼らは自分一人で何とかしようと思っているが，あっという間に時間だけが過ぎ，チャンスを逃してしまったと思い込み，社会と自分とのギャップに苦しんでいる。

　私たちは，そんな彼らの苦しみを受け止め，まずは，本人の姿が見えずとも，家族の苦しさと想いを充分理解しながら，家族が「本来の我が子の姿」を見ることができることを見据えた関わりをしていく必要がある。家族が諦めずに，我が子に合った生き方と働き方を心から願うことが，我が子を心から受け止めたことになる。それが，我が子を承認すると共に，彼らが，わたげの支援を受けて成長していくプロセスそのものを承認したことになると考える。

 ## 8．おわりに

　以上のようなプロセスをスムーズに行うためには，どうしても公的資金に頼らざるを得なくなる。狭間にいる人の支援には，まだまだ理解が得られないのが現状である。障害のあるなしではなく，何らかの傷つき体験等が障害となり先へ進むことができない若者たちにも，垣根を取り外した公的資金（福祉サービス）が導入されることを切に望む。それが真の福祉社会であり，今私たちには非常に大きな社会問題が突き付けられているのではないだろうか。

家庭からの離脱がひきこもりには必要

民間におけるひきこもり支援2

高橋淳敏
（ニュースタート事務局関西）

 1. はじめに

　ニュースタート事務局関西の活動は，現在も千葉にあるニュースタート事務局から始まるが，当初からひきこもる行為を一人の異常行動として個別に捉えるのではなく，ひきこもり問題は社会問題であるとして，関西では「引きこもりは病気ではない」（西嶋，2001），ニュースタート事務局では「家族をひらく」（二神，2004）を掲げ，さまざまに活動してきた。千葉と関西は別法人であり，普段の活動として接点はほとんどないが，ニュースタート事務局の活動は著書がたくさん出ているのでそれらを参照していただくとして，今回は千葉とはまた違うだろう関西の活動を基に，「家庭からの離脱がひきこもりには必要」との問いを考えていく。そのことにより，広範にわたるニュースタート事務局の活動から分岐した関西の取り組みを紹介できればと思う。

　「ひきこもり」は，引きこもるという動詞に由来し，個人の生活様式や状態を表す言葉として，1990年代の日本に出現した。今では，「hikikomori」としても，その意味を成し，日本社会に限らず多くの国にも通じている。それまでは主に「引きこもり」などの漢字混じりの表記もあったが，厚生労働省やNHKが2000年代前半に「ひきこもり」とひらがなに統一をしようとした。つい最近までは，10代後半から30代を上限とし，それ以外の年齢については調査されることも少なかったが，2019年に内閣府が64歳まで範囲を広げ，「ひきこもり」定義はすんなりと拡大された。斎藤（1998）による

「二十代後半までに問題化し，六カ月以上，自宅にひきこもって社会参加をしない状態が持続しており，ほかの精神障害がその第一の原因とは考えにくいもの」というひきこもり定義も古いようではあるが（実際，斎藤はのちに二十代後半までにの部分を削除している），40 歳を過ぎてから親の介護などで離職し，そのようなきっかけで半年以上働いていない人でも，それが「ひきこもり」かと問われたら，一概には同じようにも言えないはずだ。ニート，発達障害などこの 20 年，「ひきこもり」の定義は曖昧なまま言葉としては解消されることなく意味が拡張し，ひきこもる行為が悪いことであるかの印象とともに，個人の資質をも巻き込んで，社会の暗部に深く突き刺さった。この社会から「ひきこもり」を無理やり引っこ抜くこともできなければ，なかったことにもできない。

　ひきこもり問題は，例えば教育や労働などに関連している社会問題であるとしながらも，その問題に対抗できるのは，当事者である個人でしかないとの考えから，私たちは 3 つの目標を作った。一つは対人恐怖，人間不信の克服であり，二つ目は親からの自立，三つ目は社会参加である。今回は主に，親からの自立について考えるが，これはよく言われるような経済的な自立を意味するのではない。親との家庭生活から離脱することであって，家ごと孤立した生活から抜け出るため，ひきこもり問題を通じた社会との接点を頼りに，人と協力しながらも自立した生活を形作ることであった。具体的には私たちがやってきた共同生活寮についてになるが，一つ目の対人恐怖や人間不信が家庭内に閉じ込められているような状況において，本人の意思もなくすぐに他人との共同生活に移行して良いことはないので，その前段階から見ていくこととする。

2．社会問題としてのひきこもり問題

　ひきこもり問題の多くは家族の訴えから表面化する。ひきこもる行為が始まったときは，自分だけを責めているようで，家族は声もかけにくく心配するくらいだが，その矛先が家族に向けられるようになると，親や兄弟ではどうしていいかわからずに，外への相談につながる。家族や自分に向けられた矛先を，家族がなんとか鎮めることができた場合でも，それによってひきこもり続けることが長期にわたり，どうしていいか分からず相談がある。家族

との日常会話くらいはあるが，外へ出れば身体症状が現れたり，家での神経質な生活が続き，将来への不安があり相談がある。そのようにして家の外へと出た家族の困りごとを聞いていると，親の時々や過去の対応の不味さもさることながら，何年何十年もの生活の中で，なぜその時々の自分をひきこもり続ける行為でしか表せなかったのか，毎度その理由について考えさせられる。なぜ親や本人は表に出すことがなかったのか，いやそうではなかったはずだ。仕方がないとも思えない。いまさら焦ったところで仕方はないのだが，できればもっと早くひきこもり問題に取り組むべきではなかったか。理由はさまざまにしても，その原因はひきこもる行為を続ける人の努力や能力，親の子育ての問題ではなく，社会生活をしていると言っている大人や，社会と言われる側にこそ問題はあるのではないかと思えるのである。そもそも現代における「社会」とはなんなのか。社会人という妙な言葉は今でも残ってはいるようだが，社会を構成しているのは会社で雇われている人たちや賃労働者だけではなく，子どもや学生や専業主婦や障害者でもあるはずだ。ひきこもりに「社会復帰」なる目標を立てられることはままあるが，「復帰しなくてはならないとすればそれは社会」（渡邊，2012）の方ではないか。ひきこもり問題とされるのは，その膨大な人数にも表れているが，ひきこもる行為を通じて，今の社会らしきものを問うているからである。

3．自立した高齢者問題

　ひきこもり問題において，自立できない若者という批判は今でも根強い。「自立」は，親の相談においてもよく出る言葉の一つではあるが，学校に行くこととか働くこととか朝起きることなど以上には，その意味についてはあまり省みられない。親が退職して老後になるまでには自立して欲しいと，子に脅迫めいたことを言うのはよくある親の子に対するあり方である。親には明確な「自立」の形が見えているのではなく，親の思う「自立」が通用せず，いつまでも子に依存されているのは我慢ならないこととして，「自立」は当然のことと思っている。「自立」と「依存」について整理する必要がある。視点を変えるが，老人が自立したのはたぶん近年のことである。流通やサービスや情報が行き届き，寿命が延び介護保険制度や医療制度が整えられ，本来ならば子や誰か複数人に依存するか頼るかしなくては生活できないところを，

年老いても自立した生活ができる人が多くなった。それで年老いた人にすら，自立は良い事とされているが，その老人の自立こそが孤独死やひきこもり問題における8050問題を引き起こしているとは考えられないか。自分のことは自分でと，貯蓄をしたり年金制度を維持したりと保険もかけてきただろうが，その底流にある思想は，自立なんかではなく子や人を頼らないことであり，人に迷惑をかけない，人を信用しないことではなかったのか。若者が結婚しないのも，それぞれが自立しているから，結婚相手に依存する必要もないのである。若者が自立しないことが問題とされる前に，子が人を頼って生きていくことができないでいて，老人が誰かに頼らず依存せず，生を全うできると思ってきたことの方が問題なのではないか。

　いつの時代も自立がいかなることかは都度考えていきたい。自立＝経済的自立であった時代はすでに末期的な状況を迎えつつある。誰かに依存しなければ自立できなかったことを赤裸々に語る障害者の自立生活運動から学ぶ必要があるかもしれない。「多くのものに依存できる」ことが自立である（熊谷，2013）のように，ひきこもり問題は自立を理解できない親や家にしか依存先がない問題としてある。家族やひきこもり続ける人の話には，自立の必要を訴えながら，所属先を探しているようなところもある。親への依存を終わらせて，学校や会社に所属する生き方をしてほしいと望んでいる親は多い。反面，いざ子が歩みだすようなときに，親は本当にそれでいいのかと子どもの依存へと向かう選択に異議を申し立てるようなことが起こる。子が学校や会社を辞めて自立に向かおうとするとき，それを止めようとする親がほとんどである。大企業などと雇用契約を交わした個人として，将来を保障してもらい月給をいただいて家庭をもつというような「自立」は，いかにも近代的なトレンドではあったが，そのような企業依存的な生活様式はひきこもりに限らず多くの人を生き難くさせ，社会的にはひきこもり問題や少子高齢化問題などにも表れているが，うまくいかなくなっている。

4．訪問活動について

　私たちは，ひきこもり問題に直面している家庭への訪問をしている。個々の出来事や訪問の意義についての検討はしているが，訪問活動についてのマニュアルは作っていない。ひきこもり問題における「現場」と言われるもの

があるのだとしたら，それは学校でも病院でも居場所や会議室でもなく，第一にそれぞれの家にあると考えている。

　例えばこんなことである。両親から長くひきこもり続けている子がいるとの相談を受け，こちらはそのような話を真に受けて，その後に葉書や訪問者の自己紹介の手紙を本人宛に出す。家に電話をしても代わってはもらえず，葉書を読んでもらっていることを親に確認し，改めて家へ訪問する日時と無理に会わなくてもいいことを再度，葉書で送る。そういった1カ月くらいの準備を経て家に訪問すると，本人は家におらずアルバイトに行ってしまったなんてことがあった。あとで「支援者なんかに会うのだったら，働く」と本人が思い立ったようで，以前から考えていたのか仕事先に面接へ行ったとの話を親から聞いた。

　同じように，訪問してもひきこもり続けているはずの本人がいないことはままある。避けられている程度であれば，何度か訪問する中で，避けるために外へ出るのも面倒になって家に居て会えることもある。ただ，逃げることができたり，直接断わられることは，何よりも大切なこととしてある。ひきこもる以外に意思表示できることは，その後の関係においても大事なことである。厄介なのは，依存関係にある家族に当たられることである。親への暴力で，親がたまらず私たちの訪問を拒否してしまえば訪問は中断してしまう。このような場合，ひきこもり問題で親が子を責めていることが多い。家族をひらくことや，他人を頼ることがなぜ大事なことなのか，ひきこもり問題のメカニズムを親が理解できずにいて，子をあるいは子育ての失敗で自分を責めてしまっている。本人が望んでもいないのに，すぐに精神病院へ連れて行きたがる親もこのタイプである。こういった場合，親からの電話が頻繁に鳴ったりする。世間体を気にするあまり家と外の境界線に立ちはだかり子を家に閉じ込めてしまっているようなことを分かってもらわなくてはならない。直接暴力からは，それが親でも子でも避けなくてはならないが，だからといって子がひきこもり続ける行為から逃れることはできない。親に当たるときは子は何か訴えているわけで，ひきこもり問題を家の外へと出すにはよい機会なのだ，その機会をみすみす逃してしまってはいけない。

　私たちの訪問活動においては，「出会う」ということが大きな目的になる。ひきこもり続ける行為の中で他人と出会う。無理やり会っても会うということにはならない。部屋の前であっても，色んな出会い方はあるにしても，双

方が出てきて会う。その人が学校の先生や職場の上司なんかではまずい。普段は付き合いはないが，ひきこもることを悪いこととも思っていない，外ではうだつのあがらない親戚なんかに頭を下げて頼んでみるのがいいかもしれない。結婚して別居している兄弟が家に帰省した時に，小さい甥っ子が知らずに部屋のドアを開けてしまったことがきっかけとなって，外に出るようになったという話を何度か聞いたことがある。一方で，訪問して一度は会ってはくれたが，その次に少し無理をしてまた家に行ったら，すごまれて言い合いになり，最後に「もう会わない」と言われてしまうこともある。部屋の前で話し続け，何度目かの訪問時にドアが開いていることがあったり，ドア前で何時間と話しかけてもヘッドホンで音楽などを聴いていて一つも聞かれていなかったこともある。出会えぬままに，片道4時間の家に毎月1，2回ほど2年以上訪問し続け，ほとんど応答もなく部屋の前で話し続ける。訪問時に親とは話さずに，親には毎月こちらに来てもらう。そうやって，お互い何度も往復しながら呼びかけ続けたこともあった。

　近年の家には来客が少ない。宗教の勧誘や郵便局員を家の中まで招き入れることもない。オートロックのような入口システムは，訪問時には大きな障害となる。親は友達と外で会うことはあっても，子のいる家に招き入れることは稀になった。ましてや子が「ひきこもり」などで遠慮するのか，それを理由にして他人を招き入れることはもっと少なくなる。家庭での生活を外で話す機会すら減っているかもしれないが，家に入ってくる人がなければ家族関係が他人の目に晒されるようなことはない。他者が介入する機会そのものが失われていることで，家庭は隠されており閉じられる。家族以外の人の出入りがなければ，家の人の都合によってしか家は開かれないし，世間体など人の目に晒されることに，親も神経質になっている。そのように閉じられた家の中での加害被害が入り混じった親子の依存関係は，奇妙な均衡を保ち長年変化することがない。家の生活を維持しようとする力学が，子のひきこもり続ける行為を強化していく。

5．訪問活動の可能性

　訪問活動のことを「引き出し屋」として批判されることがある。今でも引き出し屋としてやっているような業者もあり，私たちもそのような引き出し

屋と思われることはある。芹沢ら（2006）『引きこもり狩り』においては，「良い引き出し屋」と「悪い引き出し屋」という比較がされたが，「引き出し屋」と言われるような想像力の貧しさはここで払拭しておきたい。まず少し理屈っぽいことではあるが，ひきこもる行為を続けている人に対して引き出すことは，引き合うことである。その引くことの良し悪しではなく引き出すような行為は，ひきこもる行為を続けている人への「支援」ではありえない。引き合っていては，双方，力ずくである。よほど部屋から引っぱり出して欲しいと思っている人なら良いのかもしれないが，とりあえずそんな人はあまりいない。出るのなら自分でドアを開けて，靴を履いて自分の足で家の外へと出たい（出られる）と思うだろう。訪問しない人も，家族にもそれは容易に想像がつくはずだ。

　訪問する者は，施設や診察室などにひきこもり安定したホームで人を迎えるのではなく，アウェーのような人の家に訪れるのであって，そこに拠って立つ場は不安定である。それがゆえにこの場はどういうところなのか，この家の生活はどうなっているのかと問える身体が訪問者にある。同時に訪問者は自分自身が何者なのかも説明する必要がある。引き出すような目的もなければ，綱引きのようにお互いにテンションを上げるのでもなく，例えば推すことにより弛緩するような場面も作ることができる。具体的な話だと，学校に行けない人に，学校に行こうと呼びかければ，それはお互い引き合っていることであるが，学校になんか行きたくないよねとか，学校が悪いという呼びかけは，向き合って説得するのではなく，学校に行けないことで不安に思っている自分はなんなのかと，同じような方を向き，時間を過ごせるということだ。その後もすんなりとはいかないが，学校に行かなくていいと訴えた訪問者の呼びかけがきっかけになるようにして，のちに学校に行くようになってしまった人が何人いることか，冗談のような本当のことである。ひきこもる行為を続けていることについても，同じようなことは言える。仕事をしている人にとっては休日はオフと言われるが，それで「ひきこもり」はずっとオフの状態だと，怠けているのだと勘違いされがちだが，上山（2007）は「ひきこもりは24時間オン状態」と言っている。ひきこもり続ける行為はとても疲れるのである。将来の不安や，過去の出来事を繰り返し考え続けているのかもしれない。過去や未来に向き合うことができないつらい現在がある。そこに現れる新たな他者は，ちゃんとひきこもっているのかと問う存在とし

てもある。引っ張り出さなくてはならない社会はない。ひきこもり続ける行為は，どんな社会や人が想定されて，その部屋に，どのような緊張関係が持ち込まれているのか。訪問者としての身体は，自らの施設内であったりすると獲得しにくい。支援者が自らのホームでしか会わなかったり，引き出すことしか考えられない態度では，ひきこもる行為を擁護することすら，尋問であり詰問となるだろう。訪問者に大切なのは不安定な身体性であり，専門性ではなくアマチュア性，社会性ではなく他者性である。聴くカウンセラーというよりも呼びかけなどパフォーマーであることの方が多い。ひきこもり続ける行為は外から引っ張って終焉するわけではなく，ひきこもり続けるだけではつまらないし，たまには止めようと呼びかける人があれば，それがいい。

6．家庭の施設化，離脱

　さて，訪問活動で少しは見えてきたひきこもり問題だが，私たちNPO法人が20年以上やってきても関われたのはほんの一握りの人でしかない。社会問題と言いながら，未だに「引きこもり続ける本人や家族に引きこもり問題は押し付けられている」（髙橋，2020）。その状態が継続したまま，ひきこもりの高齢化や8050問題に移行している。野宿者問題に関わっている生田（2007）は，セーフティーネットとしての「国家・資本・家族」が機能しなくなり，国家への対抗運動としてのNGO（Non Government Organization），資本への対抗運動としてのNPO（Non Profit Organization），そして最後にはまだないが，「家族への対抗運動としてのNFO（Non Family Organization）」の必要を説いている。戦後経済成長で都市を中心に核家族化した家庭生活は，非婚や少子化などによって順当に解体の憂き目にあっている。ひきこもり問題だけでなく，子どもの貧困や高齢者介護など，順調にも思えた閉じられた家の内側にも問題が山積している。施設とは利用者や住人の主体性や自治権がなく，施されるほどの意味であるが，今の家が機能しているとすれば，それは施設か資産目的くらいのことでしかないのではないか。ことひきこもり続ける人にとっては，家の運営は親がその責任を担うのであって，いずれ家を出るか継ぐかはあっても，その間は引越しをすることやリビングの模様替えすらできない人は多いだろう。期間限定でも共に生活しようとする同意や，日々の協働が家にあるならまだしも，閉じられた家庭生活は，親か場合によ

っては子が，食事や金銭や部屋の出入りなどのすべてを管理し，家族を監視する事態になる。

　子育て期間なら，その保護された施設でよいのかもしれない。家族において，子どもの衣食住は親の制限内にあり，そのことが家庭での教育では虐待にもなりえる。だが，見てきたようにひきこもり問題は子育てのことではない。施設化した家の中にひきこもり続ける子の役割もないのであれば，居場所もないはずなのだ。私たちは2019年まで共同生活寮を続けてきたが，それは家族ではない共同生活の試みであって，NFOのようなことを意識していた。全体のスケジュールなどでそれぞれが管理された集団生活ではなく，話していく中でそれぞれの寮生の生活や役割を考えていく共同生活である。一方で寮としての目的は，寮生による自治であり自主管理であったが，そのことにこだわったわりに徹底できなかったことが続けられなくなった理由の一つだと考えている。今も寮運営を続けている千葉のニュースタート事務局は，自治を望まない寮生があることも知って，個別で管理もするなど上手く運営してきているのだと思う。それをここで紹介できないことは片手落ちであるが，私たちの寮のあった周辺には寮生活を経て，親の家に戻るのではなく一人暮らしをする人が増えた。そのような元寮生が地域の仕事をつくったり就いたりしていて，寝食を共にするハードなつながりではなくなったが，NFOとしてネットワーク化の様相を呈してきている。賃貸生活者が主となった「ニュー自治会」（髙橋，2017）ができないかと思案している。私たちだけでなく，30代や40代でも結婚生活ではない共同生活やルームシェアをする人が増えていたり，何人かで田舎の空き家に移住するなどの話も聞くようになった。最近では山奥ニート（新井，2020）の試みが注目されている。そんな試みはいずれはすぐにでも消えてしまうだろうと思うことなかれ，家庭の方こそいずれは今の形はなくなるはずで，離脱するのなら早い方が良いくらいには思いませんか。

　最後に今もひきこもり続けている人のために，登校拒否児だった常野（2017）の言葉を借りる。常野は小学生のときに，運動会や行事のための軍隊行進の練習をさせられたことがあって，彼はリズム感のある行進がとても上手だったらしく，クラスの皆の前で教師に褒められたことを思い出して「よく登校拒否の体験談で，学校に行けなくなるきっかけとして，学校に適応できなかったことが語られますが，私の場合は，むしろ適応しすぎていたので

す」と語っている。私はこの話を度々思い出しては，悲しくもなるが，勇気づけられもしている。

引用文献

二神能基（2004）はじめに〜「ニュースタート事務局」の歩み．In：荒川龍著：「引きこもり」から「社会」へ一それぞれのニュースタート．学陽書房．

生田武志（2007）フリーター≒ニート≒ホームレス—ポスト工業化日本社会の若者労働・家族・ジェンダー．フリーターズフリー，vol. 1. 人文書院．

石井あらた（2020）「山奥ニート」やっています．光文社．

熊谷晋一郎（2013）ひとりで苦しまないための「痛みの哲学」．青土社．

西嶋彰（2001）引きこもりは病気ではない．NPO法人ニュースタート事務局関西．

斎藤環（1998）社会的ひきこもり一終わらない思春期．PHP新書．

芹沢俊介編（2007）引きこもり狩り—アイ・メンタルスクール寮生死亡事件／長田塾裁判．雲母書房．

髙橋淳敏（2017）したたかに生きまっせ．［第11章］In：堀利和編：私たちの津久井やまゆり園事件一障害者とともに〈共生社会〉の明日へ．社会評論社．

髙橋淳敏（2020）沖縄基地移設問題にみる当事者意識．月間むすぶ，No. 591，ロシナンテ社．

常野雄次郎（2017）半世紀にわたる「問題」を，いま問い直す—不登校50年証言プロジェクト #36. 全国不登校新聞社．

上山和樹（2007）ひきこもり一根拠なき順応と，交渉弱者．立命館言語文化研究，19巻2号．

渡邊太（2012）愛とユーモアの社会運動論一末期資本主義を生きるために．北大路書房．

第8章

ひきこもる家族への支援と課題

池上正樹

（KHJ 全国ひきこもり家族会理事・ジャーナリスト）

1．長期化・高齢化するひきこもり

1）ひきこもりの背景

　2019 年 3 月に内閣府から発表された中高年ひきこもり実態調査（生活状況に関する調査報告書，2019）によると，40 〜 64 歳までの中高年ひきこもり者が全国推計で約 61 万 3000 人いることがわかった。2016 年に行われた 40 歳未満が対象の調査（若者の生活に関する調査報告書，2016）では若年層ひきこもり者が推計 54 万 1000 人いるとされ，2 つの調査から全国にひきこもり状態の者は 115 万人以上いることになる。この推計値はあくまで本人の自己回答を基にしており，自分は「ひきこもり」ではない，あるいは隠しておきたい人たちが回答していないことも考えられることから，実態は 115 万よりもさらに多いと思われる。少なくとも 115 万人もいるということは，これが個人の問題ではなく，国全体，社会全体の問題として考えていかなければならないことを意味している。

　ひきこもる要因や背景はさまざまである。40 歳以上の調査では，リストラや契約更新不継続，あるいは親の介護のために仕事を辞めざるを得なかったなど，「退職したこと」をきっかけにひきこもり状態になった人が最も多い。「人間関係がうまくいかなかったこと」「病気」「職場になじめなかったこと」が続く。また，初めてひきこもり状態になった年齢は 40 歳以上になってからが半数以上を占めており，60 〜 64 歳も 17％にのぼるなど，どの年齢からでもひきこもりになり得ることがわかる。

　近年は，働き方改革などと言われるが，超過勤務やサービス残業など職場環境は十分に改善されているとは言えず，非正規雇用や派遣の割合も高いうえに，余裕のない職場の中でハラスメントも横行している状況である。ただでさえ一度レールを外れると，元に戻りにくい雇用環境にあるが，さらにハラスメントがトラウマとなって，人に恐怖を感じ，退職後も再就職できずにひきこもってしまうという人が多くいる。そのうえ相変わらず世間では自己責任論が根強く残っており，SOS を発することをためらわせる背景がある。

　「ひきこもり」という呼称が注目されはじめた 2000 年ごろはまだ，若者特有の問題としてとらえられていた。そのため，ひきこもり支援の国の施策も最近まで「39 歳以下の若者就労支援」に重きが置かれ，年齢制限があるうえに，「就労」がゴールとなっていた。しかし，上記のように，ひきこもり状態になる年齢はさまざまであり，また職場で深く傷ついたために安全な「居場所」である自宅に退避している人たちにとって，就労がゴールの支援はそもそも馴染まない。ひきこもり状態が長期化・高齢化していることは，当事者や家族，現場で支援している人たちにはずっと以前から知られていたが，2019 年の内閣府調査によって，ようやく国の認識も変わってきたところである。だが，その間の国の対応は遅れていたと言わざるを得ず，40 歳以上のひきこもり者が支援を受けられるような制度は整っていなかった。この間，当事者とその家族の多くが，制度のはざまに取り残される形で孤立を深めていったといえる。

2）8050 問題

　地方の自治体や介護などの現場から講演や研修に呼ばれて行くと，「ひきこもり」だけでなく，認知症，介護，障害，貧困など，複合的な生活の困りごとを抱えているとみられるのに，周囲がサポートできない「困難家族」に関する相談が増えている。中でも，80 代の親が，収入のない 50 代の子どもの生活を年金収入などでまかないながら，地域ともかかわらずに孤立していく世帯が顕在化するようになった。大阪府豊中市の社会福祉協議会事務局長であった勝部麗子さんは，「一人も取りこぼさない社会」を目指して地域づくりを進めていく中で，そうした地域で孤立している家庭が多くあることを発見し，これを「8050 問題」と名付けたという。これは福祉の現場から生まれた言葉である。もちろん「7040」家族もいれば，「9060」家族も珍しくはな

い。そして，今は親の年金などで生活できていても，将来は行き詰ってしまうであろう，あるいはすでに行き詰っているという問題が顕在化してきた。

こうした家庭は，親の大半がひきこもる子どもの存在が恥ずかしい，隠しておきたい，知られたくないということで，なかなか相談にはつながらない。隠される側の子どものほうも，自分が親から隠される存在であるということを感じて，それが重荷となりますます動けなくなっている。結果的に地域から姿が見えなくなっているというのが実態であろう。ひきこもり本人だけでなく家族全体が地域から孤立している，助けてと言えない家庭があることが「8050問題」の本質といえる。

筆者のところにもさまざまな相談が寄せられるが，状況をうかがってみると，すでに公的相談機関や自治体の自立相談窓口に相談したが，40歳以上は対象外なので別の機関を紹介されたり，ひきこもりについてよくわかる担当者がいないからと断られたりで，たらい回しにされた挙句，置き去りにされているというケースがたくさんある。勇気を出して相談に行った先で，「親の育て方が悪い」「どうしてここまで放置したのか」と責められるなどというケースもある。ここには相談員側のコミュニケーションの問題，ひきこもりという心情への理解不足の問題も見え隠れする。また，せっかく支援につながっても担当者の異動がきっかけで支援が途絶してしまうケースもある。家族会の調査でも，半数以上の家族は，「支援が継続しなかった」と答えている。家族は最初からあきらめていたわけではない。「相談したくてもどこに相談すればよいかわからなかった」「相談したのに助けてもらえなかった」という声が多い。さらに，従来のひきこもり支援をする側の認識には，自治体や職員によって「経済的困窮」だけで判断される傾向もあった。例えば「年金収入がある」「持ち家がある」「働き盛り世代の子が同居している」世帯などの経済的理由で除外する。あるいは，本人が「障害ではない」と診療を受けたがらず，医療受診や障害認定がないために「制度に乗せられない」と置き去りにされる事例だ。「ひきこもり支援」の法的根拠になっている「生活困窮」は，「つながりの貧困」という観点が担当者の判断で見落とされることも多い。これは，社会によってひきこもらされているともいえ，8050問題の大きな要因となっていると思われる。

2．ひきこもり支援

　国のひきこもり支援施策は内閣府の「子ども・若者育成支援推進法」が法的根拠とされてきた。そのため，現場の自治体でも，「ひきこもり支援」のゴールは「就労」とされ，「39 歳以下の若者就労支援」に重きが置かれた。その後，2015 年に生活困窮者自立支援法が成立したのをきっかけとして，国の方針は 39 歳以下の就労を前提にした支援から，地域で向き合うべき福祉施策へと大きく転換した。しかし，現場の自治体の対応には温度差があり，まだまだ当事者や家族のニーズに寄り添えているとはいえない（池上，2018）。命のリスクにもつながりかねないような孤立したひきこもり家族を支援するには，ただ待っているだけではなく介入することも必要となってくる。ただし，その矛先は，ひきこもり本人ではなく，周囲の意識を変えることにある。

　ひきこもり支援を 30 年以上続けてきた，一般社団法人「OSD よりそいネットワーク」共同代表で，一般社団法人「SCS カウンセリング研究所」代表の池田佳世さんは，親の学習会に力を入れるという，まさに「家族に介入」する必要性を説く。

　「親は自分の意見を一切言わず，子の話をよく聞き，安心オーラを与えると，長い道のりだけど，子は自然に話してくれるようになる。親が自分の枠を広げられれば，子も成長できる。外部からいろんなことを言われても，親がしっかり支えてあげることが，子にとってはいちばんの土台になる。子がやりたいと言っていることが一番正しい。これから本人が歩いていく道しるべになるんです」（池田さん）。

　一方，大阪府豊中市社会福祉協議会の勝部麗子さんは「地域に介入」する。地域福祉の担い手である「コミュニティ・ソーシャルワーカー（CSW）」の先駆けであり，地域を支える 8,000 人のボランティアを育成。住民主体で支え合える関係性を構築して，「困った人を 1 人も取り残さない」地域住民の意識や理解力を高めることに主眼を置いてきた。

　秋田県藤里町社協の菊池まゆみさんは，「制度に介入」ともいうべき実践例だ。まず，町内のひきこもり者すべての実態把握調査を実施。「ひきこもり」「長期不就労者」「精神障害者」といった障害認定のありなしや年齢制限などの垣根を取り払い，困っている人は誰でも支援を受けられる福祉の拠点「こ

みっと」で，お手本のない支援の仕組みをつくった。

　ひきこもり支援とは少し異なるが,『みんなの学校』という映画にもなった大阪市立青空小学校の初代校長木村泰子さんは，地域に開かれた学校を目指して学校の見える化に取り組んだ。保護者や近所の人をサポーターと呼び，できる範囲で協力を得ながら，発達障害や知的障害を抱える子を同じ教室で学ばせ,「安心して登校できる学校づくり」を実践した。これは「学校への介入」と言える。

　共通しているのは，困っている本人を変えるのではなく，その周囲の環境を変えて「不安の元になっている障壁」をいかに取り除くかということにある。支援に関わる第三者は，当事者目線に立つこと，家族や親でなく当事者の側に立つことが大切であろう。

1）相談窓口の課題

　ひきこもりについて相談できる窓口や制度はさまざまある。しかしこれまでは,公的な「ひきこもり相談窓口」が明確になっていないうえに,やっと家族が相談につながったとしても，ほとんど機能してこなかった。それが「引き出し屋」などの暴力的ビジネスがはびこる背景ともなっている。

　国はひきこもり地域支援センターを都道府県と県庁所在地，政令指定都市に設置しているが，実際に運営しているのは，精神保健福祉センターや民間支援機関，NPO法人など，受託団体は様々だ。中には，札幌市ひきこもり地域支援センターのように，ひきこもり当事者団体と協働で居場所を運営して，当事者会と家族会をそれぞれ月2回開催しているところもある。また，岡山県総社市のような一般市の中にも，独自にひきこもり地域支援センターを開設する動きが少しずつ増えている。

　基礎自治体には，生活困窮者自立支援法に基づく自立支援窓口が設置されているが，ここにも温度差があり，説教や説得，精神科を勧められる，本人を連れてこなければ対応できないと言われるなど，諦めざるを得ないような状況が起こっている。2019年の2つの事件後に厚労省から自治体へ，ひきこもり対応については断らないで相談に乗るようにという通知があったが，現場では「ひきこもり」状態にある人の心情への理解も進んでおらず，人手不足に加え,「どうアドバイスすればいいのかわからない」という困惑もあって，混乱しているというのが現状である。

　高齢者の介護問題の相談に応じている地域包括支援センターのスタッフが，介護先の家庭に入って，ひきこもり者の存在を把握するというケースがある。しかし介護保険法が法的根拠である同センターは，64歳以下のひきこもり者は支援対象外である。ひきこもり者の情報は他の機関と共有されず，支援にもつながらない。介護している親が亡くなると関係も途絶して，ひきこもり本人だけが取り残され，生きる希望を持てずにきた人たちは孤立死につながるということになる。この縦割りをなくして，地域包括支援センターと，生活困窮者自立支援のソーシャルワーカー，あるいは，ひきこもり地域支援センター，社会福祉協議会，地域の家族当事者会などとの連携が望まれるところである。

　地域若者サポートステーション（以下，サポステ）は就労に特化した支援であり，ひきこもり相談の最初の窓口としては適さない。サポステのスタッフは就労以前のひきこもる心情への理解が不足しており，対応に「傷つけられた」という報告が多く，現状ではかかわらないほうがよい。サポステは，ひきこもりにある人の中で，あくまでも就労を望む人だけが利用するのに適した制度である。

　ひきこもり家族会[1]は次項で触れるが，まだすべての地域にあるわけではないし，組織によって温度差が大きい。

　病院・医療機関は，精神疾患や発達障害など自分たちが得意とする診断名をつけてそこに対応することになるので，うまくそこに合致する当事者はよいが，それ以外の人たちにとってはニーズからずれてしまう。ひきこもり支援では診断を求めてアウトリーチのニーズも一定数あるが，その体制は十分に整っているとはいえない。

　東京都ではひきこもりサポートネットという制度もあり，随時相談が受けられる。2018年度から2019年度にかけて，管轄が青少年治安対策本部から福祉保健局へ変わった。ひきこもり支援協議会も新たに立ち上げられ，従来の就労社会復帰一辺倒から，今回は当事者代表，家族会代表，社会福祉の専門家，地域福祉の専門家，現場の保健所などの担当者が入って構成された。2020年には「ひきこもり実態調査」も予定されている[2]。ようやくひきこも

---

1)　1999年に日本で唯一の全国組織の家族会（当事者団体）であるKHJ全国ひきこもり家族会連合会が発足した。

2)　20年度3月までに調査結果概要を作成し，3月末以降に協議会で提言が取りまとめられる予定。

りの支援体制が整いつつあるといえよう。

　ひきこもり相談を開設すると，最初に窓口にやってくるのは，親や兄弟姉妹などの家族の場合が多い。しかし，その家族が働いているケースでは，窓口が平日の午後5時に閉まってしまい，土日の相談は受け付けないという従来の体制では，なかなか相談に行くことができない。また，ひきこもり状態の人を抱える家族は，「周りに知られたくない」という気持ちがあるので，昼間の明るいうちは窓口を訪れにくいし，人通りの多い場所に設置されている窓口は，人目が気になって近寄りにくい。開設する時間や場所についても，相談者の心情を配慮することが必要だろう。さらに，地元に長く住んでいる人であれば，窓口についている人が面識のある人で中に入れなかったという事例もあるなど，自分の自治体に知り合いがたくさんいるので，なかなか家庭内の悩みを相談できないことも多い。そこで，例えば，筆者の住む東京都目黒区であれば，世田谷区や品川区，大田区といった具合に周囲の自治体と連携して，お互いに行政区境を越境しても利用できるような制度をつくっておいてもらえると，相談にもつながりやすくなるだろう。とくに地方では，知らないところで知らない人に相談したいというニーズが強くある。実際，兵庫県宝塚市が社会福祉協議会に委託して開設している居場所では，市民でなくても利用できるような配慮を行っている。筆者が見学に行った日にも，神戸市や西宮市などの近隣市町から，ひきこもり当事者が参加していた。

2）家族会
　「ひきこもる子に声をかけると嫌がられる」「なぜ家から動かないのかわからない」「何とか外に出してほしい」「自立できるようにしてほしい」
　ひきこもる本人のいる家族から最初に相談を受けたとき，大抵，上記のようなことを言われる。子との関係に行き詰まり，疲弊した親たちは，「動かない子の意識を何とか変えてほしい」という明確な答えを求めて相談に訪れるのだ。
　2019年6月に起きた元農水次官の長男刺殺事件の第1審公判では，ひきこもり状態だった被害者の長男が「両親はテストで悪い点を取ると玩具やプラモを壊す」「挨拶が殴る蹴るだった」「子供は親の所有物ではありません」などとSNSに綴っていたことが明らかにされた。また，被告の妻である母親は証人尋問で「中学2年からいじめられて，帰宅すると私に当たった」「『ご

み掃除しなきゃ』と言うと暴力を振るわれた」などと話している。

　一方，被告の父親は，なぜ他者に相談しなかったのかと聞かれ，「精神的に余裕がなかった。相談すると親子関係が悪くなるだけだから」などと証言した。しかし，実際には，子に知られることなく家族会に参加している事例は数多くある。殺害された長男は，世間を気にする家庭の中で，本人は自分らしさが出せなかった，自分らしさを出すことが許されなかったのではないかと推測できる。父親は官僚のトップにまで登り詰めた人だけに，競争社会の中で周囲に弱みを見せることができない人生だった。誰かを助けることはあっても，自分が誰かに助けを求めることができなかったのではないかと思えてくるのだ。

　前出のような公的機関では，傾聴してもらえても，親たちの求める通りに必ずしも解決できるわけではない。親の依頼通りに子の意思を無視して外に連れ出すことを実行すれば，トラブルや事件につながり，命のリスクもある。親への不信感を募らせ，会話ができなくなるなど家族が崩壊した事例も数多くあるからだ。そもそも，そのような本人の気持ちを理解したうえでアウトリーチに対応できる人材を配置した基礎自治体は，まだ少ないかもしれない。

　ひきこもる人たちのベースにある心情は，社会でこれ以上傷つけられたくないし，自分も他人を傷つけたくない。だから自分を防衛するために，安心できる家の中でかろうじて生きている。そんな自分が大事にしているプライベートゾーンに，突然見知らぬ人が侵入しようとすれば，脅威に感じるのは当然である。

　長年の関係性の中で，子とコミュニケーションできない親たちの多くは，なぜ我が子が部屋にひきこもって動かなくなるのか，その心情を想像することができない。なぜ動けないのか？　どうして働こうとしないのか？　外に出そう，就労させようと，口に出して迫れば迫るほど，「親の期待に応えられずにいる現状を何よりもわかっている」本人をますます奥に追いやり，ひきこもり状態を強固にさせる。

　もし，親が，長年やってきたことがうまくいっていないと思うのであれば，今までのやり方を続けてもうまくいくわけがない。親としては，これまでと真逆の対応をするしかないのではないか。

　「そんなにしんどいなら，（学校や会社には）行ってほしくない」「ゆっくり休んで」と言ってみる。「この子は，ゲーム（スマホ）するのが人生」と思う

ようにする。「ごめんね」と書かれた謝罪の手紙を置く。「今日，いいことあった？」と聞いてみる。食事をキッチンテーブルに用意したら親は自室に入って姿を隠すなどのソーシャルディスタンスを取る。簡単な家事をメモで書いてお願いする。これらは実際，ずっと責め続けてきた親が 180 度意識を変えて実践したところ，子の動きにも変化がみられたという事例だ。

　もちろん，こうした対応は，すべての親子にあてはまるわけではない。しかし，これまで否定され，説教しかされたことがないから，自分はダメな奴だとネガティブになっていた本人たちが，親から認められるだけで劇的に変化することは，家族会で数多く報告されている。親が「ありがとう」と一言感謝するだけで，子は劇的に動き出す可能性を秘めている。家族会に参加するようになると，親も頭ではわかるようになり，他人の子への対応に理解もするようになる。ところが，我が子のことになると，なかなか意識を変えたがらず，「ありがとう」の一言が言えない。

　九州の小さな家族会を回ったとき，不登校の子の親は，ペナルティとして PTA の役員をやらされていると聞いた。不登校の子を出した家族は，地域で見せしめのようにされる。家族会の人に連れられて，ある自治体の福祉保健部局の担当者たちと意見交換したとき，学校には無理に通わせなくても，勉強は教室以外でもどこでもできるという話をしたら，「自分が子どもを学校に通わせているのは，勉強のためではない。秩序を教えるために行かせている」と言われ，福祉部局の職員の認識だっただけに驚かされた。

　ある親は，巡回連絡で自宅に来た警察官に家族のことを尋ねられ，正直に自分の子がひきこもっていることを打ち明けた。すると，その後，パトカーが家の前に来て，警察官が子どもの部屋のほうをずっと見上げていたり，再び自宅を訪ねてきて「息子さんどうですか？　何か変わったことはありませんか？」と聞かれたりしたという。「ひきこもっている人は犯罪者予備軍」という警察官の意識によくみられる誤解だが，地方へ行けば行くほど，家族を見る地域の視線は厳しい。それだけに，家族は人目に知られないよう，息をひそめて生活している。

　そういう空気の中で，親はひきこもる子を責める。周囲は親を説教するのではなく，疲弊した孤立家族を温かいまなざしで受け入れ，サポートするところから始めないと，ますます家族全体を追い詰めることになる。まず家の中が安心できる環境にならなければ，本人はいつまでも自らの意思で判断し

て，動き出すこともできない。

　こうして悩みを抱える家族にとっては，当事者の家族同士が支えあえる家族会の存在は大きい。実際につながるまでには時間がかかるが，2019年に起きた一連の事件のあと，ひきこもる本人の存在を隠して周囲から孤立していた家族が，「うちの子も同じような事件を起こすのではないか」と心配になって，初めて家族会に相談の電話をしてきたというケースが急増した。そんな家族が，勇気を出して家族会に参加してみると，そこには自分たちと同じような状況の人がたくさんいる。自分の家庭だけが抱える問題だと思っていたのに，同じ悩みを抱えている人たちがいて，「ひとりではない」ことを感じることもできる。しかも，そこに参加すれば，情報やノウハウなどの体験談を豊富に収集できて，話もじっくり聞いてもらえる。

　「家族会に相談したことを子どもに知られると良くない」といった言説も一部にある。しかし，外部に相談を求めることは間違いではない。前述したように，家族のほとんどが子に知られることなく家族会に通えているし，むしろ子の側から「行ってらっしゃい」と家族会に送り出して，親に「ひきこもり」について勉強してもらうことを歓迎している場合もある。本人にとってみれば，いきなり見知らぬ人がアウトリーチしてきて，外に連れ出そうとするとか，就労を強要してくることなどには命の危険や恐怖を感じるものの，親の出かける先が家族同士で情報交換し，学び合うことが目的の家族会のような場であれば，それほど脅威にならないのではないか。

　いずれにしても，親は家族会に参加することによって，安心の第一歩となり，疲弊していた気持ちもホッとして，ラクになることが多い。ひきこもり状態にある本人は一般的に，親の一挙手一投足がすべての世界であり，日々の親の表情をよく見ている。

　一方で，本人たちのベースにある思いは，親の期待に応えられなかった申し訳なさと自分の情けなさであり，親のつらそうな表情を目にするたびに，自分のせいで親が不幸になっているのではないかということを気にしているのである。本人たちの多くは，親のことを大事に思っており，親を介護することはもちろん，それぞれが家の中でできる家事などの役割を見つけて，きちんと生活していることのほうが多い。その役割は，掃除や洗濯，料理，ベランダで野菜を栽培する，花に水をやるといった，ささいなことかもしれないが，その人なりのペースがあり，その人なりに大切にしている「生き方」が

ある。だから，親が安定していて，幸せそうにしていると，子どもも救われる気持ちになる。そういう意味でも，親が同じ経験を共有できる家族や，ひきこもり経験者などとつながって，ふだんから話をすることはとても大切なのである。

　ただ，ひきこもり家族は情報からも閉ざされがちなため，まずは家族会の存在を知ってもらうための対外的な発信活動も必要だろう。公共放送やラジオ，TVなどのメディア，自治体の広報誌に活動状況を取り上げてもらうことは，もっとも効果的な掘り起こしにつながるといっていい。ちなみに，筆者が所属するKHJ全国ひきこもり家族会連合会では，年に4回，季刊誌『たびだち』（年間購読3千円）を出版。ひきこもる本人や家族の思いを各当事者宅や社会に届けている。また，私たちは「たびだち」の制作を通じて，当事者たちが内面に抱くそれぞれの表現の場を作り出し，些少ながら稿料を支払う活動も実践している。

　とはいえ，ひきこもり家族会は，まだ全国すべての自治体に組織があるわけではない。近くになければなかなかコンタクトをとれず，自分に適した家族会を探すのも大変である。コロナ時代になって，最近はオンラインで参加できる家族会も少しずつ生まれてきた。ゆくゆくはもっと家族会が増えるとよいが，家族会の立ち上げにあたっては，代表を引き受けてくれる成り手がなかなか現れないということが課題となっている。代表となるからには，顔と名前を公的な会議体などの場に出してもいいくらいの覚悟も求められるため，悩みは解決したいけど周囲には知られたくないと考えるひきこもり家族にとっては，ハードルが高い。家族会が欲しいと願ってはいるものの，なかなか代表が決まらないという地域がたくさんあるのが実情である。しかし，代表を引き受けた家族の中には，そうやって腹を括れたことによって，かえってひきこもっている本人との関係が劇的に改善したというケースも多い。親の意識が変わることで，子が呪縛から解放されて自ら動き出す好例であろう。

3）居場所

　ひきこもり当事者が自宅以外に出かけて行くことができる場所，つまり「居場所」をもつことは，家族以外とのコミュニケーションが途絶している本人にとって，ひきこもり状態から周囲とつながるための大きなきっかけとなり

うる。国はこれまで自治体に対して「居場所づくり」の取り組みに対しては補助金を出してきたが，その普及率は低かった。その理由は，補助率が二分の一，上限が 300 万円であったこともあるが，この制度自体，啓蒙不足もあってあまり知られていなかったことも大きい。

　国は 2020 年度から，就職氷河期世代支援を 650 億円かけてスタートさせ，3 カ年計画で「30 万人の正規雇用」を目指す。一方で，「就労」ではなく「社会参加」を目標にした「ひきこもり支援」も拡充。市町村の「居場所」や，家族の「相談会」「講習会」などの支援に 11.5 億円と倍増の予算を盛り込んだ。

　KHJ 家族会が 2019 年度に行った，厚労省社会福祉事業「地域共生を目指すひきこもりの居場所づくりの調査研究事業」における全国の「居場所」調査やシンポジウムなどを通じて，改めて明らかになったことがある。それは，ひきこもる本人たちが求めている「居場所」とは，支援者がよくイメージするような建物にスペースを確保してプログラムが用意された場所とは，違うということだ。

　生きていても仕方がないと思わされてきた人たちにとって，居場所とは，生きる希望を感じるところでもある。居場所とは，自宅以外に，自分が安心して自分らしくいられる空間だ。自分が逃げ出したくなったときに退避できる場。図書館や喫茶店などの空間は，リアルに人と話すことがなくても，そんな当事者たちの日常的な居場所になりやすい。それとともに，ゴールデンウイークやクリスマス，年末年始のような時にこそ自宅から逃げ出せる，年中無休で利用できるような居場所を欲していることもわかった。

　また，本人も家族も，自分の住んでいる自治体には，知り合いがいて知られたくないからと行きたがらない。居場所が利用できるのであれば，誰も知る人のいない地域まで，わざわざ列車や車に乗り，時間をかけてでも出かけていく人もいる。

　新型コロナウイルスの感染拡大以降，ひきこもり状態にある本人や経験者が運営する居場所やイベントは，開催中止に追い込まれた。ひきこもり終わって，そろそろ外に出よう，誰かとつながりたいと思っていた人たちにとっては，最悪のタイミングで外出自粛要請に見舞われた。

　お金があるわけではなく，皆がネット環境を持っているわけでもない。そんな人たちの元気が出る数少ない場が，リアルな居場所だ。居場所が生きて

　いく支えになる人たちが多いのに，外で人に会える唯一の機会が奪われることは，タイミングを逸することも危惧される。一方で，ひきこもりながらも，オンラインゲームやリモートワーク生活に慣れ親しんでいた人たちは，そのノウハウを一般の人たちに教えることで，ポストコロナ時代の新たな"居場所"が創出できるチャンスが到来したともいえる。

　筆者は 2012 年 7 月ごろから，ファシリテーションを学んでいる仲間とともに「ひきこもりフューチャーセッション庵（IORI）」を開催してきた。これは東京 23 区の公共施設を中心に偶数月の第一日曜日に開催され，「ひきこもり」に関するさまざまなテーマで，当事者をはじめ「ひきこもり」に関心のある人たちが集まってフラットな関係で対話をするというものである。これは居場所というよりもプラットフォームという感じで，対話を通じて当事者の思いを知ることができる場ではあるが，当事者のためだけでなくお互いが成長しあえる場としてやってきた。活動を通してわかってきたのは，クオリティ・オブ・ライフ（QOL）の向上がひきこもり生活の最大の課題だということである。このことは，これまでの支援がいかに就労に偏っていたかという価値観の変化を周囲の人々にもたらした。さらに，ひきこもり状態にある人たちにとって，自分たちの思いを聴いてもらうだけでなく，きちんとレスポンスを得られる場が必要なのだということがわかった。そうした対話を積み重ねていくことで，やがて「庵」では物足りなくなって自ら就労していった人もいる。あるいは，初めて自分を認めてくれる存在に出会えて自信が生まれ，自らも発信を始めたという人もいる。関係者や支援者にとっても，現場で当事者の経験から学ぶよい機会となっている。

　「庵は東京だ」という話を聞いたこともある。地方の人にとっては「東京だから行く」という，つまり「一度は行ってみたい，憧れの場所」だ。そのこと自体が，出かけていく理由になっている。居場所のモチベーションは，憧れの場でもあり得る。

　ひきこもりしている人かどうかに関わらず，居場所の受け止め方は，人によってそれぞれ違う。それは，"居場所"という場所ではない。職場だという人もいるし，この人がいるから会いに行くという場合もある。人との交わりがなくても，書店や駅の待合室に行くのが好き，という人もいた。一度は行ってみたい憧れの場所があれば，それも出かけていく理由になる。居心地が良ければ，その人にマッチしていれば，そこが居場所になるのだ。

3．おわりに

　これまでの支援は，当事者を社会に適合させるという視点からなされることが多かった。しかし，社会や会社から避難してきた人を，何の解決もないままに社会に戻そうとしたり，就職させようとしたりすることは，当事者の傷つきを深めるだけの結果になりかねない。それどころか，そうした強要が，トラブルや事件のきっかけにもつながっている。就労支援や自立支援は「就労した」「自立した」という実績の数字が評価の基準であったが，ひきこもりの支援にはその思想そのものがそぐわないものであったといえる。ようやくひきこもり支援に福祉の視点が入ってきたことは重要である。成果（社会復帰）で評価されるのではなく，人の幸せをどう実現できたかで評価される支援が拡充することが望まれる。

　ここまで見てきたように，ひきこもり状態には誰でも，どの年齢からもなりうる。みんなが当事者であるといえる。ひきこもりの人が生きやすい社会は皆が生きやすい社会である。そうした社会が実現することを願ってやまない。

引用文献
池上正樹（2018）ルポ　ひきこもり未満—レールから外れた人たち．集英社新書．
池上正樹（2019）ルポ「8050問題」河出新書．
KHJジャーナルたびだち（2020年春季号）「あなたにとって居場所とは」．

第3部　ひきこもりのさらなる理解に向けて

第9章

ひきこもりの支援　研究と実践の循環

ロザリン・ヨン

（秋田大学大学院医学系研究科，特定非営利活動法人・光希屋（家）代表）

1．はじめに

　私が小学生の頃に，マレーシアの「ルックイースト政策」が始まった。日本は先進的で自由があり，やる気さえあれば何でもできそうなわくわくするあこがれの国，外国からはそのように見えた。2004年，休暇を取り日本に遊びに来た時にびっくりしたのは，日本の若者からは「幸せ」が感じとれなかったことだ。原宿のトレンドに身を包んだ若者たち，街を歩いている若者たち，電車に乗っている若者たち，希望をもって行動している風はなく，ただ無目的に一日一日過ごしている感じがした。「なんで幸せじゃないの？」と疑問を持った。日本の社会問題について調べて，援助交際，学級崩壊，いじめ，自殺，ひきこもりの問題に行き当たった。

　2006年に会社を辞めて香港大学の公衆衛生学に進学し，社会医学の視点でひきこもりの研究を進めた。当初，ひきこもりに関する文献は，専門家の個人意見や支援者の経験に基づくものに限られていた。ひきこもりの出現率や発生率，病気ととらえるべきなのか，合併症や病気の蔓延はどうなのか，全く分からなかった時代のことだ。そもそも，ひきこもり当事者はひきこもりについてどう思っているのか。不自由と思っているのか，または好きでひきこもっているのか，周りの人や環境にどのような影響を与えているのか。それを整理していかないことには公衆衛生の課題として，あまりに漠然としていた。また，世界のひきこもり・日本のひきこもり・香港のひきこもり，比べてみたときに共通点はどこか，相違点は何なのか。実際に研究を始めるに

137

当たって，まず精神疾患がないひきこもりの人を見つけ，その当事者や家族に話を聞き，そこからひきこもりのさまざまな思いを整理していくことにした。卒論は「ひきこもりの心の仕組み」とした（Yong, 2008）。この論文を機に2010年，東京大学の博士課程に進学し精神保健を学び，メンタルヘルスの視点で「ひきこもりの心理障壁のメカニズム」（Yong & Kaneko, 2016）の研究を続けた。ひきこもりに対する支援のヒントを研究からつかみ，取材でひきこもりの仲間たちに出会い，そして彼らと共にもう少し先まで一緒に歩んでみたいという気持ちが膨らんでいた。2013年，博士を卒業すると，就職するよりも「居場所」を立ち上げたいとの気持ちが強くなり——それが「ふらっと」という形になったのである。

　本章ではまず，私のひきこもり研究から見えてきたひきこもりの仕組みを簡単にまとめ，次に「ふらっと」（ひきこもり・不登校サポート事業）の活動を紹介する。

2．ひきこもりの研究

1）ひきこもりの心の仕組み

　ひきこもりの人は無口・無表情で一見無関心に見えるが，実は常に物事への対処〔Coping〕，人との信頼関係〔Trust〕，自分の存在そのもの〔Existence〕について悩み続けている。

① Coping

　ひきこもりは彼らにとってゴールでない。いつも自分の行動や気持ちについて葛藤しているのだ。「今の自分はどうなっているのか，これからどうなっていくのか」，そして，「あの時自分はどうしたらよかったのか，ああしていれば，こうしていればどうなっていただろうか」。同じ時間に立ち返り，シミュレーションし続けているのである。ゲームをすることや結果として昼夜逆転してしまうことはひきこもりの状態にある自分に対処していくための手段である。あえて楽しいと思えることをする人もいれば，楽しいことをすると罪悪感を覚えるので避けるという人もいる。どちらにせよ，本人の中では，ひきこもりの状態になる前のこと，現在，そしてこれからのことと，さまざまな後悔と不安が渦巻いている。

② Trust

　ひきこもりの人にとって，人を心から信頼することはとても難しいことである。そして，そのことが自分の境遇や気持ちを人に打ち明けることを妨げている。結果として孤立してしまうわけだが，その状態が心の中の恐怖や怒りといったものを増幅していき，さらに孤立という状態を維持する力となってしまう。今の自分では他人に受け入れてもらえないだろうと考え，そんな自分を自分自身も受け入れられない。自分が写った写真を破るといった行動は自分の存在を消し去ってしまおうとすることの表れともいえる。自分の存在を知らない他人とは会えるけれども，知っている人とは会えないということもあるが，これはつながりを断つことで自らの存在を消してしまおうとすることなのだ。

③　Existence

　ひきこもりは本人にとってもけして好ましい状態ではなく，自分の存在自体に悩み，悶々とした日々を送っている。ひきこもりの人が「放っておいてくれ」と人に言うとき，実際に自分が何をしたいのか分かっていることはまれである。何かをしたいのかしたくないのか，何かが好きなのか嫌いなのか，長いこと自分の気持ちを抑え続けることによって自分自身でも分からなくなっていくのだ。ただ，本人の現状と理想とのギャップが存在するということは間違いない。その理想は本人の理想であることも，また，幼い頃から親に植え付けられたものであることもある。親の期待するであろう自分とのギャップということもあるだろう。そうして家族に対し申し訳ないと考え，自分に絶望し，生きるのが苦しい，死んでしまいたいという考えに至ることもあるのだ（Yong & Nomura, 2019）。

2）ひきこもりのさまざまな背景

　「ひきこもり」とは何なのか，ひきこもりには誰もがなり得るのか。それはそれぞれの事情や置かれた状況にもよるが，背景が違うと支援のニーズも異なってくる。ひきこもりの支援は障害への支援ではない。ひきこもることそのものに関する本質的な支援が必要となる。ひきこもりから脱出するための環境を整えないうちに追いつめてしまい，本人が混乱してしまうこともよくあることなのだ。

①　ひきこもりと精神障害

　S君は小学校でいじめにあい，不登校になった。いじめられる場面をくり

返し思い出し，相手がそこにいないのにその声が頭の中を巡るような状態であった。13 歳の時に精神科を受診し，統合失調症との診断を受け，その後 7 年にわたり入院生活を送った。

　ひきこもりの人は人と長いあいだ接していない関係で，表情が乏しくなっていたり，言葉をうまく整理して話すことが苦手になっていたりということがしばしば見受けられる。上手くつなげて話すことができず，断片的な会話になってしまうことなどから，統合失調症の陰性症状であると早まった判断をされてしまうこともある。ひきこもりの診断には子どもや思春期の青少年の心理を理解できる精神科医にかかることが大切となる。ひきこもりにおける精神病理学的なメカニズムを理解した上で介入することが求められるのだ。例のような早まった診断・投薬では，ひきこもりが治らないだけでなく，体に薬が上手くなじまず長期入院治療となったり，薬の変更を繰り返したりといった新たな葛藤を生むケースも少なくない。

　S 君が経過診断を大切にする児童青年精神科医に出会っていたなら，診療の結果と予後は全く違ったものになっていたであろう。

　②　ひきこもりと就労関係

　D 君は卒業を機に他県へ就職した。就職先は和気藹々とした居心地の良い会社で，D 君は会社が好きだった。しかし，バブルの崩壊で会社の経営は厳しくなり，リストラされてしまう。就職チャンスの多い東京へと移り住むが，正社員での就職は叶わなかった。派遣社員として職を転々とするうち，生活が苦しくなってアパートにひきこもるようになった。実家から家族が迎えに来て田舎へ帰ったが，田舎は人間関係が濃密で仕事がない限り外出できなくなり，結果として実家にひきこもることとなってしまった。

　ひきこもりの中には，就職氷河期の真只中に就職を迎え，能力が高くても就職できなかったり，バブル崩壊とともに倒産やリストラで離職したのち再就職できなかったりした人がいる。その時代の社会的な背景がひきこもりの形成と深く関係しているのだ。他にも，仕事と学歴のミスマッチで就職が上手くいかなかった，職種にこだわるあまり就職し損なってしまった，就職したものの続かなかった，そもそも賃金が低く生活費にも事欠いてしまった，長時間労働で病んでしまったなど，さまざまな背景を持った人がいる。ひきこもりの就労支援には，例にあげたような時代背景だけでなく，それぞれが抱える心理的な問題やスキルの問題，あるいは社会経済の問題など，まず先

に解決しなければならない問題が存在している。

　D君は，自分の能力を生かせる職場を見つけることができず，一人暮らしに必要な給料を得るのは難しい状況である。それでも家族にも他人にも迷惑はかけたくない，頼るようなことはしたくないと言う。彼らが必要とすることは就労支援窓口の提供するコミュニケーショントレーニングやスキルアップスクールなどではないのである。

3）ひきこもりの心理障壁のメカニズム

　ひきこもりを一つの症状とみると，発症するまでには潜伏期間があると考えられる。発症に至るには内的要因と外的要因が存在する。内的要因とは成長の過程でひきこもりになりやすい素質が形成されること，外的要因とはひきこもりを発症しやすい環境におかれることだ。ここでいう環境とは，孤立しどこにも自分の居場所がないという状況が続き，そこから逃れられない閉塞した状態であることを指す。ひきこもりになるまでのプロセスは長いものであるが，外から見ていると短時間でひきこもりに陥ったように見える。

　①　内的要因

　ひきこもりを発症しやすい素質は，〔自己評価の低さ〕から生じた〔対人関係困難〕，そこに至る〔自我同一性混乱〕から生じる心の中の葛藤に関係している。

　i）自己評価の低さ

　ひきこもりの人の一つの特徴として，他人から助けてもらったとき「ありがとう」という感謝の気持ちより，「申し訳ない」「相手に迷惑をかけてしまった」という気持ちが強いということがある。

　例えば，何かに挑戦するとき「無理ではないか」，「できないのではないか」，「ダメなのではないか」と考える。自分の能力に自信がないように見えるが，実は自分に対する評価が気になっているのである。幼い頃は大人の要求通り，期待通りの実績や結果を残すことができたとしよう。大人が喜ぶ姿を自分の喜びと思い，自分の好き嫌いではなく評判を保つことを目標にしてしまう。つまり，他人の評価に基づいて自我を形成してしまうのだ。このような幼児期と思春期を過ごしてきた若者の中には非常に自分に厳しく，失敗を恐れ，SOSを出すことすらできない人もいる。新しい挑戦をしたくないのではなく，その結果失敗したら「迷惑をかける」「親をがっかりさせる」とい

う恐怖を持っている。そして，失敗した時の自分に対する怒りも半端ではなく，その怒りを周りのせいにしてしまうこともあるのだ。

ⅱ）対人関係困難

ひきこもりのもう一つの特徴は人の反応を気にしすぎることだ。

話しかけづらい時や何を話したらよいかわからない時，相手に合わせようとすることがあると思う。そのような付き合い方のうちは，自分の気持ちも伝えづらいだろう。仲良くなろうとしてもお互いに分かり合おうとするのではなく，相手の機嫌をとるような付き合い方をしていては関係に満足しにくく，そのためにいっそう我慢することになる。人と付き合う喜びが少ないと，他人とポジティブな関係は築きにくくなる。そのために，濃密な人間関係を避け，いったん仲良くなってもはっと気付き，身をひるがえしてしまう人もいるのだ。

ⅲ）自我同一性混乱

ひきこもりの人は他人の顔色をうかがいながら生きている人が多いことも特徴の一つである。相手の顔色をうかがう関係が長いこと続くと，自分で相手のことが好きなのか嫌いなのか分からなくなっていく。そこから自分を見失い，自分自身が何のための存在なのか分からなくなって，関係性を深めることもできなくなってしまうのである。

例えば，ある大学を目指して子ども時代を過ごした人は，その大学に入れずにひきこもりを発症し「自分は何なのか」「自分にはこの社会で生きていく能力があるのか」という疑問にぶつかる。また，大学に入ったとしても目標を失い学校に行けなくなる人もいる。

自分の本心と親（目上の人）の期待とのずれが大きくなった時，自分の本心を選ぶか，言われたことに従うかで悩む。アドバイスを無視して自分で物事を進めて失敗したら，自分で責任をとれるのかと強い不安を感じる。親との関係が良好であり，かつ親が過保護・過干渉傾向であれば，なおさら責任を重く感じてしまう。親に過剰に期待されると失敗を恐れて動けなくなるが，逆に期待されないと今度は親に見捨てられたのではないかと不安になるのである。

②　外的要因

ひきこもりは，心理的に一人ぼっちになり〔孤立感〕を抱え〔居場所がない〕と感じ，さらに〔出口がない〕といった状況で発症する。注意が必要な

のは，生活の変わり目とその過渡期だ。例えば，クラスメンバーが入れ替わるとき，小学校から中学校へそして高校へ進学するとき，また，就職一年目などの地元から離れて一人暮らしを始めるときなどである。

i）孤立感

他人の評価に依存して自我を保って来た人は，その人たちと離れてしまうと自分が分からなくなることがある。また，それまで人生の選択を担任の先生や親に誘導されてきたなら，自分のことを自分で決めることを難しいと感じるのは当然だが，その不安を自分だけで抱えてしまうと孤立感が増してしまう。

環境や状況が変化した時「わからないことは聞いてね」と言われても，何がわからないのか，それさえわからない時は助けを求めるのも難しいだろう。また，「困ったらいつでも言ってね」と言われても，今まで相手に頑張っているところを見せ続けてきたとしたら，困っていることを相談するのも難しいことだろう。頑張って評価されてきた良い子，真面目な子，我慢する子ほど，自分の力ですべて解決しようとし，SOS を出さない。これがひきこもりの実態なのではないかと思うのだ。

ii）居場所がない

相手とぶつからないように人間関係を維持してきた人は，心の孤立から，人に合わせるエネルギーがなくなってしまう。自分のニーズが満たされていないことに気づき，けれども理解されたいという気持ちをどうしてもうまく伝えられず，打ち解けられないままになってしまう。自分の役割がはっきりしないと居づらくなり，クラスメートや同僚と話すことはあっても何かが違う，その自分を誰も理解してくれない，という違和感を覚えてしまう。

iii）出口がない

限られた人と接しているうちに，活動範囲も狭まり，永遠にトンネルの中を進んでいる感じがしてくる。この状況はいつまで続くのだろうと切なくなっていく。そして，周りが当たり前のように歩む道にも疑問を持ちはじめ，「そのままで大丈夫か」と自分を見つめ直す時間が必要になったり，体調を崩して前に進めなくなったりしてしまうのだ。

3．ひきこもりの支援

1）光希屋（家）－「ふらっと」

　研究でさまざまな地域を見てきた中で，なぜ秋田県に夢中になったのか。自殺予防などの精神公衆衛生現場の取り組みにおいて優れた研究の仲間がいたことはもちろんだが，Ａ君との出会いによるところが大きかったように思う。Ａ君は優しい多才な方で，彼の一生懸命のところに惹かれたのだ。Ａ君を通して，さまざまな悩む人たち，またその支援者たちと出会って絆ができ，多くのことを学んだ。人生や自分というものについて，こころの隙間の今まで見えなかったところや見ようと思わなかったところが見えてきたように感じ，もう少し一緒に居たいと強く思ったのだ。Ａ君はコーヒーを淹れることやスパゲッティを作ることが上手で私はスパイスが好きなので，二人で「適当料理屋さん」を始めて，自分たちにあった「居場所」を作り上げていこうと思いついた。その計画を知ったＪ君やＦ君が参加し，そこから皆一緒に居られるような空間――光希屋（家）の構想が見えてきたのだ。

　皆で構想を練っているとき，ひきこもりに明るい漢字をつけてみようと試み，ひ→光　き→希　こ→孤　もり→森とした。こんなイメージができあがった。

　　　一人（孤）で森にいても，
　　　樹木や葉っぱの隙間を通して射し込む光に
　　　希望が浮き上がります。そのとき，
　　　まず光の暖かさを感じて，
　　　共に生じる愛と希望を受け入れてみる～
　　　希望に向かって，目標が見えてくるかもしれませんね。

　光希屋（家）とは，ひきこもりの家，自立の場でもあり，居場所でもある。皆一緒にいる。ここで作り上げた関係を胸に，人生の山に登ってみようと思う。そんなきっかけになることを願い，居場所「ふらっと」を始めることとなった。

①　「ふらっと」の由来

　私はひきこもりの研究の延長として，それまでの仲間と何かを作り上げて

いこうと考えていた。A君は誰でも気兼ねなくいつでも立ち寄れる場所をと望み，居場所を「ふらっと」と名付けた。

　フラット──支援者・非支援者を区別していた壁を取り払い，同じ屋根の下にいる同居人・家族といった関係性へ。半音下がるマイナー（♭）でもこころに響く曲。A，J，F君たちも音楽が好きな人たちなので，名前にはそんな意味が込められている。

　② 「ふらっと」の利用者の特徴

　ひきこもりという本人にとっても不本意な状態にあり，人と接したい気持ちはあるのに踏み出すことができない自分に悩んでいる。利用者は，そういった気持ちをうまく伝えられない人たちが中心となっている。また，多くが不登校やひきこもり状態になってから長いこと居場所を見つけられなかった人たちである。これまでの利用者の特徴は下の3つのタイプに分けられる。

　Type Ⅰ　人の気持ちを大切にするあまり，自分の行動が迷惑になってしまうと
　　　　　恐れるタイプ
　Type Ⅱ　自分はどうみられているのかを気にしすぎるタイプ
　Type Ⅲ　人の気持ちは気にならず，自分の話中心で注意を惹きたいタイプ

　「ふらっと」は人と接する場であり，人を鏡として自分の内面を見つめることで共に成長する場である。のんびりと自由な空気の中で少しずつこころの緊張感をほぐし，考えを言葉にできるまで待つところなのだ。Type Ⅰ と Type Ⅱにとっては，考えや気持ちを徐々に話していく道場となる。まだ歩きはじめの Type Ⅰ とⅡの人は，Type Ⅲ と同じ空間にいるとこころの拠り所を失ってしまうこともある。そのために，Type Ⅲ の利用はファシリテーター（調整役）がいるときのみという制限がかかっている。

2）研究から考えたこころの支援

　ひきこもりの人と一緒に研究する時，安心感がないと深い所にある気持ちを話してはくれない。フラットな立場から≪当事者の感情の処理を手伝い≫，≪信頼関係を築く≫ことで，≪安心感を与え≫，≪ありのままでよいと気づかせる≫ことがとても大切になる。ふたをしていた気持ちを打ち明けることで，感情の整理をして再出発をする。つまり，自分に対する肯定感を持つことができて周りの環境（接する相手・集団）に対する安心感が得られれば，

ひきこもりからの脱出は可能なのである。勉強，仕事，ご近所付き合い，これらからは人との関係が生まれてくる。ひとたび関係ができたなら，それを維持するために約束や責任を持った行動といったもの（commitment）が求められる。そしてそこには自分が相手とスムーズにコミュニケーションをとることができるという確信が必要になってくるのである。

　「ふらっと」はピア to ピアの接触である（Yong, 2017; Yong, 2019）。活動には3本の柱があり，それは「居場所」，「自立支援」，「講演・研究」だ。「居場所」とは共に時間を過ごせる場所ということである。過ごし方は利用者の自由。そこで共通の趣味や話題をみつけて仲間関係を深めていけば，自然に悩みを打ち明けられる関係性が整っていく。「自立支援」は日常生活や趣味から発展した職業訓練（お菓子作り，コーヒー淹れ，ハンドマッサージなど）を行う一方，一般の人（町の人，地域社会など）との交流で苦手なことを一つずつ克服していく。「講演・研究」は自分自身のことや好きなことを研究して，人の前で発表する。このように，自分のひきこもり状態を否定せず，過去を隠さず，自分自身や自分と人との関係を見つめなおして趣味やできることを伸ばしていく。それが「ふらっと」が目指している支援の形なのである。

　自分にはひきこもる時間が必要であると認めることから，人との信頼関係を手に入れ，自分の存在の意味に気づくことができる。そのためには，同じ目線と共通の話題があるフラットな関係性が大切である。いろいろな人とふれあいながら，自然に人と付き合うスキルを身につけていくのである。人と付き合うスキルとは，コミュニケーション力（お互いの話を聞ける，考えやアイディアを伝えられる），受容力（自分も相手も受け止められる），共感力（お互いの立場に立って考えられる，お互いの気持ちを想像できる），問題解決力（問題点を見つめられる），親しみ力（お互いの信頼関係を築ける），自分を見つめる力（お互いの関係性や自分が相手に求めること，気を遣うべきことと気を遣わなくてよいこと等を見極められる）などであろう。そうして関わりを持つ世界を少しずつ広げていくことで，進んでいく先の選択肢が広がっていくのである。

3）自立に向けた飛び出し（事例）

① 塾の先生K君

　K君は大学時代にひきこもり始め，博士課程まで進学したものの病気で中

退した。デイケアや作業所を転々とするが，そこでの活動で満たされることはなく，作業所を辞めて一年経った時に「ふらっと」を訪ねてきた。その時40代で，これからの生活について悩んでいた。本当は学問を活かして塾の先生をしたかったが，病気が原因で自信がなかった。家業を継ぐことも考えたが，その時点からの修業では職人のレベルに達するのは難しいのが現実だった。

　当初のK君はおとなしく遠慮がちで口数も少なかったが，自分が話し出すまで待っていてくれることに気づいてからは，少しずつだが安心して自分の考えを話すようになっていった。そんな中で，言葉として発することで本当に塾の先生になりたいのだと確信できたそうだ。

　K君は高校生のための塾に仕事を探しに行き，社長に病気やひきこもりの経歴を打ち明けて「給料はいらないから，まず私を試してみてください」と頼んだ。そして一カ月後に採用され，もう3年以上になる。彼は，「今までは人に何か指摘されると自分が批判されたと思い込み落ち込んでいたのですが，今はそうは思いません。自分への指摘はスキルを向上させるためのものだと認識できました」と語ってくれた。

　②　カフェスタッフM君
　M君は中学校から不登校になり，保健室登校やフリースクールも試したが続かなかった。高校はリスタートを試み他県に進学したが，そこでも対人関係困難に悩んでやめてしまった。「ふらっと」に訪ねてきたとき20代後半で，それまで「居場所」を利用したことはなかったそうだ。

　当初のM君は自分の思いを伝える時，声が小さくて震えていた。しかし，裾を握って一生懸命に話しかけてくれたI君の優しいこころにふれ，ここならば自分もいられるのではないかと通い始めた。それまでは対人関係に困難を感じると，その関係性を断ってしまう傾向にあったM君だったが，逃げずに戦っていくようになった。「私は本当は人が好きだったんだ」と不思議そうに呟いていた。

　M君はお菓子作りの趣味を生かし，カフェスタッフを勤めて2年半になった。居場所と仕事と両方に通うのは，責任の重さを楽しさに変換する工夫である。人との付き合いが「すみません」から「ありがとう」となるよう，人の気持ちを憶測するだけで終わらせず，自分から気持ちを素直に伝える練習を重ねているところである。

4）自立に向けて必要な3つの力
①　自分と向き合う力

　自分の生きがいは何か——これは難しい問いである。けれども，まずは自分ができること，自分のやりたいこと，楽しいこと，面白いと思うことをやってみれば良いのである。やってみて，楽しければよし，苦しいならば原因を見つけて改善していくもよし，放置するもよし，あきらめるもよし。繰り返し試みを続けるうちに，生きがいが見つかる。

②　失敗を受け止める力

　日本では失敗を過剰に恥ずかしく感じたり，成功をほめたたえたりする。社会経験を積んでいけば当たり前に分かることなのであるが，成功する前にはたくさんの失敗があって当然なのだということに気づかせることが大切である。失敗をおそれず，どんどんチャレンジしてみればよいのである。

③　人に頼る力

　人と関わると時に頼る・甘える・依存する・迷惑をかけるなどといったことがある。しかしそれらを気にしすぎると前に進まないばかりか，人間関係への苦手意識が強くなってしまう。社会参加は対人関係そのものだから，遠慮せず人に思い切り頼ることも必要だ。人に頼れる喜びをたくさん経験すればよいのである。

5）「ふらっと」には

　「ふらっと」には，ひきこもりをしながらも少しずつこころを開きつつあるスタッフもいれば，もう黙ってひきこもっていることのないスタッフもいる。利用者もそれぞれのニーズでその日その日に集まる。一人ひとりの思いが居場所の空気を築き上げる。一回の話し合いで方向性を見つける人もいれば，3年間通い続け，模索する人もいる。

　ある人にとっては「止まり木」のような存在，ある人にとっては「家」。それぞれの目的を満たせば，次につながっていく。そうした仲間の思いがけない言葉に胸を打たれることがある。話が苦手なはずのT君が「世間話って面白い！」。S君はいきなり取材カメラの前で泣きだし「生きていてよかった！」。講演会の体験発表でI君は「生きていれば必ず良いことにつながる。だからあきらめないでください」。——「居場所」には，人とのつながりを「修羅の場」から「こころ弾む場」に変えていく力があると思うのだ。それは人が恋

を知る瞬間に似ているのかもしれない。ひきこもりでいる気持ち，その不安や恐怖にうまく対処していけば，自らひきこもりから離れる希望と力が生まれてくるに違いない。

引用文献

Yong, R. K. F.（2008）*Exploring Hikikomori; A Mixed Methods Qualitative Research* [Master]. Hong Kong: Community Medicine, The University of Hong Kong.

Yong, K. F. R.（2017）地域におけるひきこもりの自立支援―居場所の在り方：ひきこもりから踏み出す一歩：安心，仲間，つながり．秋田県公衆衛生学雑誌，13(1), 14-23.

Yong, K. F. R.（2019）地域におけるひきこもりの目標―ひきこもり経験者中心にしたピアスタッフシステムの効果検証．秋田県公衆衛生学雑誌，15(1), 26-30.

Yong, K. F. R. & Kaneko, Y.（2016）Hikikomori, a Phenomenon of Social Withdrawal and Isolation in Young Adults Marked by an Anomic Response to Coping Difficulties: A Qualitative Study Exploring Individual Experience from First- and Second-Person Perspectives. *Open Journal of Preventive Medicine*, 6(1), 1-20.

Yong, K. F. R. & Nomura, K.（2019）Hikikomori is Most Associated with Interpersonal Relationships, Followed by Suicide Risks: A Secondary Analysis of a National Cross-Sectional Study. *Frontiers in Psychiatry*, 10(247).

第10章

ひきこもる若者の抱える不安

菅野　綾

（八王子市子ども家庭支援センター）

 1.　はじめに

　日本は2019年に新しい年号「令和」を迎え，31年にわたる平成の時代に幕を閉じた。私は生まれが昭和と平成の狭間であったこともあり，少しセンチメンタルな気持ちで新しい年号の誕生を眺めていたように思う。令和では初めて万葉集を典拠とし，そこには美しい調和の意味が込められたという。日本はこれまで，憲法第9条を例に，長年平和を願ってきた国である。年号は，人の和を重んじ，争うのでなく共存する，日本の古き良き文化の象徴ともいえるかもしれない。

　しかし，昨今ではこれまで長い間そのように守り受け継がれてきた日本人の在り方を疑問視する流れもある。謙虚で奥ゆかしく，また我慢強く真面目な人柄は，国際社会においてはお人好しで自己主張に欠け，コミュニケーション能力が低いという見方がある。はっきりとした自己主張，効率を重視した仕事の仕方，巧みな言語表現を得意とする者が高く評価される時代に，日本も足を踏み入れている。それ自体は決して悪いことではない。時代に合わせて人や社会の在り方が変容することは，成長と発展のためには不可欠だ。性や性役割が多様化し，ハラスメントの視点をもった社会の見直しが求められているように，従来の「こうあるべき」という考え方そのものと向き合おうという時なのだろう。

　日本社会がそうした過渡期にある今，思春期から青年期にある若者たちはどのように生きているのだろうか。皆がみな多様性を望み，個性を主張した社

会を歓迎し適応できているかといえばそうではない。その上，社会から「自分らしさ」や自己表現を求められる一方で，そこには「性別」や「属性」それぞれに持たれたイメージが根強くあり，存在している。アイデンティティの探索と形成の時期に，この時代のゆらぎへも逞しく適応し渡り歩く者もいるが，要領良くいかない者もいる。その結果社会から距離を取り，ひきこもるに至る場合があるのである。

 ## 2．多様な背景の見立てと思春期から潜むひきこもり化

　しばしば指摘されているように，ひきこもりというのは病名ではなく，あくまで現象をさす言葉でしかない。その現象から，背景になにが潜んでいるのかを探り当てることは容易ではない。臨床心理の仕事ではまずその潜んでいるものを探り当てなければ，適切な状態へと導く道標を示すことはできない。見ようによっては，そのプロセスは医師が診断から治療方針を導き出すことと似ているかもしれない。いずれも見立てること（アセスメント）を重要とする。

　しかし，医師の診断にはそれを根拠づけるエビデンスが求められるのに対し，心理の世界ではエビデンスを固定させることは難しい。生まれながらの資質，育った地域の文化・価値観・家庭・家族の在り方，受けてきた教育内容，周囲で交わった人間たち……これらが千差万別であるがゆえに，同じような背景を持っている者が全く違う症状を呈することも多くあるからだ。医学の世界ではエビデンスを持たない診断は危険であるため，基本的に避けなければならない。臨床心理では前述のとおり，根拠づけるには問題の要因となる背景が多様に過ぎ，せいぜい類型化し推測するくらいしかできない。そこに医学の世界と臨床心理学の世界との微妙な認識の違いが生まれやすいということを書き添えておきたい。

　私は日頃子どもたちのサポートをする機関で仕事をするほかに，高校を卒業した若者をサポートする機関で，ひきこもり（またはその一歩手前）の若者たちのカウンセリングを行っている。そこで感じているのは，ひきこもりになっていく若者たちは，私が日頃接する学童期・思春期にある子どもたちと同じ不安や悩みを抱えている者が少なくないということだ。

　ひきこもりというのは極めて意図的・心理的なものである。そのため，就

学期間の問題でも他の要因を含む不登校全体とは区別してとらえる必要があるが，卒業後のひきこもりであってもそれをもたらす背景には，学童期や思春期の悩みを引きずっている者が多いことも確かである。

　本章では，思春期・青年期の若者たちがどのような不安を抱えているのか，またその家族はどのようなことを不安に感じるのかを，実際の事例に沿ってお伝えできればと思う。なお，事例はプライバシーに配慮し，支障のない範囲で一部内容を変更している。

3．人間関係の不安（事例1）

1）背景と経過

　中学2年生のユキは，母と2歳年上の兄との3人暮らしだ。小学5年生のときに両親の離婚をきっかけに関西方面から引っ越してきた。学校への行きしぶりが始まったのは，中学1年生の夏休み明けのことだった。母はなんとか学校へ行くよう後押しし，週1回のスクールカウンセラーの面接には母子で行くことができていたが，それも2年生になる頃にはユキが外出を嫌がるようになり行かなくなった。ユキは家からも出ず，人と会うことを避ける生活を送っていた。ベランダで靴を脱ぎぼうっとしたり，「死にたい」と呟くようになり，表情がどんどん暗くなっていった。日中は母には仕事があり，兄は学校に行く。家で一人で過ごす間に，ユキが自分を傷つけてしまうのではないか，死んでしまうのではないか，と母は不安になり，学校以外のどこか別の居場所へ行くことも提案したが，ユキはその気になれなかった。

　母から相談を受け，私は家庭訪問でユキと話をすることになった。ユキの母は，学校へ行くことそのものには特にこだわっていなかったが，どうして行かなくなったのかが分からないため，親としてどう対応すればいいのか悩んでいた。翌週に自宅で初めて会ったユキは，ショートカットに丸顔の小柄な子で，ゆったりとしたTシャツにスキニーパンツを履いていた。服装や体格はどちらかといえば活発さを想像させたが，表情や仕草は控えめで大人しい印象を受けた。ユキは私を見て，はにかんだような愛想笑いで挨拶をしてくれたが，初回訪問は当然ながら緊張の色は拭えず必要最低限の言葉のやり取りに留まった。ユキの家のリビングには，ゲームやアニメのキャラクターグッズがいくつか並んでおり，聞けば家族揃ってゲームが好きで一緒にやる

こともあるとのことだった。アニメはユキの趣味で，好きな作品について饒舌に生き生きとした表情で話してくれた。私はユキの希望に合わせ，1 カ月に 1 回の訪問でユキの好きなアニメや声優の話を共有することにした。

　こちらから登校や外出を促す言葉が出ないことが分かったからか，訪問を重ねる毎にユキの緊張は解れ，好きなことを話すときにはいつも笑顔で楽しそうにしていた。その中で，ユキの方から何気なく，家族のことや学校のことが話題に上ることがあった。以前住んでいた場所は，今よりも自然が豊かで過ごしやすかったこと，学校の規模も小さく人も少なかったためもっと仲が良かったこと，前の学校では自分はもっと明るかったこと。ある時，会い始めて半年ほど経った頃にユキが「菅野さんがお母さんだったらよかったのに」と言ったことがあった。彼女は「あの人（母）は，仕事のことしか考えてないから」と言って笑っていた。

　私が訪問する日には母が仕事で不在のことが多く，後日電話で様子を報告することになっていた。その日のことも母には言葉を選びながらも報告し，心当たりを聞いた。母は笑いながらも，「仕事であまりあの子を構えていないこと，怒ってるかもしれないですね」と言い，ユキの趣味の話になかなか付き合えないのだと言っていた。もちろん，ユキはそのことで直接母を責めるつもりはないのだろうし，母もそれは分かっている。ただ，ユキにはそれがどうしようもなく寂しかったのかもしれない。

　家庭訪問を始めて 1 年ほど経った頃，母が仕事の勤務時間や日数を減らした。家計を支えていくことを考えても，それなりに思い切った決断であっただろう。その理由は，母とユキで話し合った結果ユキがフリースペースに通うことになったためだ。ほとんど外出をしていなかったユキにとって，一人でどこかへ行くということは簡単ではなかった。人の目が気になり公共交通機関で通うことも難しいため，母が車で送迎した。私はこの件について報告を受けたときには急展開にやや驚いたが，その話をするユキは不安を滲ませながらも少し晴れた表情をしていた。フリースペースへの参加は思いの外順調に進み，共通の趣味を持つ友人もできた。ダンスのサークルにも入り，発表会のために一生懸命振り付けを練習した。一年間，自主的な欠席はほとんどなく通った。中学 3 年生になってからは卒業後もそのフリースクールと同じ系列の高校へ進学することが決まり，無事進路が決まってからは，「自分で通えるようにならないと」と言って，帰りはバスを使い一人で帰宅する練習

も始めている。

2）見立て

　ユキは，人間関係において過剰に適応する傾向があった。表情や声色から繊細に相手の気持ちを汲み取り，それに応えるように行動する。空気を読んだ行動は，年齢に関わらずある程度は円滑な人間関係の形成に役立つが，やりすぎてしまうと人間関係そのものが負担になっていく。ユキの場合，引っ越し前は小規模な学校で幼少期からの顔馴染みばかりの環境だった。互いに相手のことをよく知っているし，それほど気遣わずともコミュニケーションが成立する寛容さがあったかもしれない。しかし小学校高学年の多感な時期に，家庭も学校も大きく環境が変化した。彼女にとって転居後の生活はサバイバルに近い状態だったのだろう。中学生になり複雑化した人間関係はさらに学校の居心地を悪くし，人との関わりから距離を取るためにひきこもるに至ったと考えられる。

　人間関係への不安からひきこもる若者は，不安から目を逸らそうとゲームに没頭したり，自分がこうなってしまったのは親のせいだと誰かの責任にすることを繰り返す。その一方では「学校に行かなければいけないのに，外に出られない」「みんながやってることなのに，どうして自分にはできないんだろう」と自分自身への問いかけと焦りが付き纏う。それはとても孤独で，苦しい戦いだ。しかし家族が，本人の一見すると問題のある行動（昼夜逆転した生活リズムや物事に意欲がない様子）の背景にある不安に気が付くと，少しずつ形勢が変わっていく。家族からの非難が和らぐことは，本人の追い詰められ感を軽減し，家族の中で自分の居場所をみつけ安全基地を獲得し，支援機関へ踏み出すきっかけに繋がっていく（斎藤ら，2018）。

3）支援

　ユキの場合，踏み出した先の支援機関はフリースペースだった。そこに至るまでの間，私の訪問については，ユキと母（家族）を繋ぐ潤滑油のような役割を目指した。ユキは，父や友人との別離による喪失感や，社会と上手く馴染むことのできない自分にひりひりとしたイラだちを抱えていた。時にとげとげとした態度や言葉でそれらを表現するため，私はその一つひとつを包んで母に届ける。母がそれを受け取り，ユキへの言葉や行動が変わる。結果

154

的に，私がいなくても母子は気持ちのキャッチボールができるようになった。家族は距離が近いからこそ，ありのままの気持ちを伝えることが難しく，甘えがあればこそ互いに傷つけ合い本心が見えにくくなる。しかし彼らにとって今の自分を受け入れ，許してくれる存在があることは，家族の中に居場所を作り，その先のステップに繋がる重要な段階である。ユキにとって母が彼女と向き合ったことが，彼女自身も自分と向き合えるきっかけとなり，背中を押したのだろうと考えられる。

4．自立への不安（事例2）

1）背景と経過

　中学3年生のカズヤは，小学生の頃から片付けが苦手であった。マイペースなところがあり忘れ物も多かったが，学校の成績は平均的で特段問題を指摘されることはなかった。父の趣味の影響で，陶芸や工作，絵を描くことが得意であり，作った作品を近所に住む祖母にあげると喜んで飾ってくれた。カズヤの両親はともに平日は多忙を極め，カズヤと3歳年上の姉の食事の世話は同居する祖母がしてくれていた。中学に入ると，受験を見据えて学習塾に通い，教育熱心な父に連れられて早くから高校の見学にも行った。しかし，思うようにカズヤの成績は伸びず，志望校である姉の通う高校を目指すのは厳しいだろうと言われていた。中学2年生の頃から少しずつ，学校や学習塾に遅刻することが増えた。遅刻するたびに，カズヤは父から電話で叱咤され，渋々登校するということを繰り返していた。

　そうした日々の中で，カズヤには気になる行動が見え始めていた。まず，手洗いの長さや回数が著しく増えた。両親は，カズヤの頻回な手洗いについて「石鹸がもったいない」「水の無駄遣いだ」と言ったため，カズヤは家の石鹸を使うと叱られると思ったのか，自分の小遣いから中性洗剤を買い水で薄めて使用するようになった。家のドアノブを触ることができず，肘や足で扉を開けるようになった。明らかに生活に支障をきたすレベルで強迫行為と思われる行動があらわれていたのだ。

　カズヤの遅刻の頻度も段々と増えた。中学3年生になった数日後のこと，父は遅刻したカズヤを電話越しに叱り「もう受験生なのにそんなことでどうするんだ！」と厳しく言った。カズヤはその言葉に何も答えることなく電話

は切れ，両親が帰宅すると，壁に向かって投げつけたのであろう壊れた目覚まし時計が転がり，外れたままの電話の受話器にはお茶がかけられていた。

　そのままカズヤは学校に行かなくなり，自室に籠るようになった。家族を避けるように過ごし，眠りに落ちるぎりぎりまでゲームに没頭して過ごした。

　私のもとに最初に相談に訪れたのは父だった。すでにカズヤが学校を休み始めて1カ月ほどが経過していた。その時の父はひどく憔悴し，顔色は青く，面接中もひどく落ち着かない様子であった。父からカズヤの経過を聞き取りながら，私がカズヤの遅刻の理由を尋ねると，父は驚いた顔をして「考えもしませんでした。どうせ遅くまでゲームをしていて起きられなかったんだろう，と思い聞いたこともなかったです」と答えた。そして首をもたげ，「決め付けていたんだと思います」とも言った。

　この時，両親はスクールカウンセラーとも一度面接をしており，子どもに関わりすぎないこと，登校刺激（登校を促す声かけや行動など）は控えること，という助言を受けていた。それを実行したことで，自室に閉じこもっていたカズヤはリビングに出てくるようになり，姉とであればコミュニケーションも取れる状態であった。カズヤの家族には課題もたくさんあったが，父なりに息子と向き合おうとしていることも感じとれた。

　翌月には，母も仕事の休みを合わせてくれたため両親揃って来所された。両親は多くの本を読み，インターネットでもあらゆる情報を収集し，不登校とひきこもりについての知識は私より豊富ではないかと思うほどにあった。しかしそれもまた両親にとっては不安を掻き立てる一因になっていたのかもしれない。可能性という点でいえば，好転する可能性もあるが，その逆も然りだ。これからのことは，今のカズヤと向き合わなければ見えてこないのだが，それすらも見失わせるほどに情報の海は力を持っている。便利である一方で，我が子のこれからに不安を抱える家族にとっては諸刃の剣だ。

　カズヤの両親とは隔週で，両親のみとの面談を続けた。カズヤの様子を確認しながら，両親の不安を和らげ家庭内の緊張をほぐすことを最初の目標とした。カズヤは，昼夜逆転しながらもリビングで過ごし，時には父や母の声掛けに頷いたり簡単な言葉で反応することもあった。少しずつ緊張を解しながらも焦らずに，慎重さにも留意しながら面談を重ねていった。カズヤの両親は，とても真面目に，一生懸命に家族の立て直しと向き合っていた。発達心理学的には何歳であろうと一生涯人間は変化するものであるが，成人期以

降の意識的な変化には相当な動機が必要である。過去の自分を否定しなければならない場面が必ずあり，それはこれまで築いたアイデンティティが揺らぐ不安を伴うものだからだ。それでも，カズヤがひきこもったことをきっかけに家族のこれまでを振り返られ，変わろうと努力されていることがとても分かる。しかし，状況はなかなか進展しないように感じられ，それがまた両親の焦りとなり「息子は自立できるのだろうか」という不安を募らせた。

2）見立て

　自立強迫的な子育ては，子どもに自立へのこだわりと，自立できないことへの恐れという形で影響を与える（高塚，2002）。父のカズヤに対する子育ては，理想的な自立の道筋に導いているようでありながら，その道筋から外れてしまうと出来損ないと評価される恐れのあるものだったと考えられる。中学 3 年生に至るまでに形成されたそうした自立イメージと恐れを書き換えるのは容易ではない。カズヤを掻き立てる自立への不安は，なんとかして両親から独立しなければと思わせただろう。それは「家庭内暴力」の構造に近しいかもしれない。家庭内暴力は過度に密着した親子関係において，子が親と距離を取ろうとして生じる。暴力を用いて自立しようともがくのだが，その暴力が親を拘束してしまい，結果的にはより密着した関係になる（滝川，2017）。カズヤの場合，両親に対し暴力を振るうのではなくひきこもり，家族を避けることで距離を取ろうとしているのだ。

　カズヤの両親は，それぞれが「父親としての在り方」「母親としての在り方」に迷い悩んでいる。過去のやり方は間違っていたのかもしれないが，どうしたらいいのかをまだカズヤに確かめることができない。あれこれと思いを巡らせ試しながら，カズヤの反応に一喜一憂する。そのため日々の気持ちの安定が難しく家庭の中で緊張感が拭えなかった。

　両親とカズヤにとって，理想的な自立を求めるための過度な干渉をやめ，家族の緊張を和らげていく，お互いにとって丁度良い距離感が必要だと考えられた。

3）支援

　カズヤの状態を「強迫神経症（OCD）」や「注意欠如 / 多動性障害（ADHD）」と診断し，治療という枠組みで対応するという選択も考えられる。そうした

枠組みで対応しようとする人からすると，私のやってきたことは時間ばかりをかけた生やさしいことだととらえられるかもしれない。両親と連携し，一刻も早くカズヤ本人と接触をはかり，医療受診に繋げたりカウンセリングを試みる。熱心であるほど，そうした関わりを持ちたいというのは支援者として不思議なことではないだろう。

　しかし，私は見立てのところでお話したようにカズヤと両親の関係にある密着性に焦点を当て，カウンセリングによる家族の不安緩和，また本人の状況の変化に緊急的介入の必要性はないか，というアセスメントとフィードバックを中心に行った。

　カズヤのように自立のこだわりを抱えひきこもる場合，両親から自立したい反面で，自分が社会に認められるのだろうかという不安もある。それは彼らの心理的な自立を阻んでしまう。社会に足を踏み出すにはまだ時間が必要であろうが，まず家庭の中で家族と付かず離れずお互いに心地良く思える距離感を知ることが第一歩になる。両親との面談では，その点を特に重要視して扱った。大切なのは「何が正解だろう」とすべての選択において両親が責任を感じ，緊張して過ごすことではない。「そんな時もある」とおおらかに受けとめるものと，慎重に考えなければならないものとを押さえることだ。時間と根気の要るものであり，家族の心が折れてしまわないようエンパワーメントも忘れてはいけない。

5．まとめ

　今回の事例では人間関係への不安からひきこもるユキと，自立への不安からひきこもりに至ったカズヤの二人を例に，若者のひきこもりの今をご紹介した。彼らのような「ひきこもる」という選択をしない若者にも，同じような不安を抱える者は決して少なくない。インターネットやスマートフォン，SNS（ソーシャルネットワークサービス）の普及に伴いコミュニケーションの在り方が変わり，適当な距離感の維持に苦労する人々は少なくない。いつ何時でも構うことなく会話のできる環境から，表面上はオープンで社交的に振る舞いながらも，本音は言えない非自己開示的なスタイルが形成された。そうした環境に幼いころから置かれていた今の若者たちは，真っ向から気持ちを突き合わせることを苦手とする。それは相手が家族であっても例外では

なく，表面的には争いが減りつつも，互いに向き合うことも難しくなった。

　私が面談する若者は，初対面から人懐っこく会話をする者もあれば，こちらがあれこれジョークを飛ばすのも物ともせず 20 分近く無言で座っている者もいる。両者は対極にあるように見えるが，表現方法が異なるだけでとても似通った印象を受ける。彼らは私が自分の心の内を話せるほどの信用に足る人物なのかを見極めているのだ。私はこうした彼らからのさながら「試験」を受けながら，できるだけ誠実に，素直に，その場に居られるように努めている。若く，やわらかい心が傷つかないように彼らは自分を守りながら，どこかで「受け入れられるだろうか」という大人への期待が微かに見え隠れする。一見すると互いの我慢比べのようにも見えるが，そこにあるのは勝ち負けではない。希望と諦めが天秤にかけられている。私が彼らの満点の笑顔を馬鹿正直に受け取ればがっかりするだろうし，ひとりごとのような冗談に心が折れて面接を諦めるようであれば突き放されたように感じるだろう。

　同じように孤独や不安を抱えていたとしても，皆がみな同じ経過を辿るわけではない。そこには若者一人ひとりの生き方が反映されている。そのため，当事者と直接関われない場合も多いひきこもり支援では，それぞれの不安を見立てるのも容易ではない。支援者には，類型化にとらわれずフラットな目で向き合う姿勢が求められる。長い人生において振り返れば輝かしく扱われることの多い時期ではあるが，そこに潜む孤独と苦悩を我々は忘れることなく，彼らが安心して荒波への航海に出られるよう力強く見守っていきたい。

引用文献

斎藤まさ子・本間恵美子・内藤守・田辺生子・佐藤亨・小林理恵（2018）ひきこもり状態の人が支援機関に踏み出すまでの心理的プロセスと家族支援. 家族看護学研究, 24(1).
高塚雄介（2002）ひきこもり心理とじこもる理由―自立社会の落とし穴. 学陽書房.
高塚雄介（2010）臨床心理学の立場から―ひきこもる若者たちの心は・・・. In：内閣府政策統括官（共生社会政策担当）：若者の意識に関する調査（ひきこもりに関する実態調査）報告書（概要版）, pp.24-28.
滝川一廣（2017）子どものための精神医学. 医学書院.

第11章

ICT はひきこもり支援に役立つのか

鈴木健一

（あしかがメンタルクリニック，公認心理師・臨床心理士）

 ## 1．ICT と社会と個人

1）個人が体験している社会

　我々の生活は新しい技術によって確かに変化してきた。軍事技術であったインターネットは，スマホとともになくてはならないライフラインとなった。そして今は，5G（第5世代移動通信システム）や VR（仮想現実, virtual reality），AR（拡張現実, Augmented Reality）（これらをまとめて xR と呼ぶ）という次世代 ICT（Information and Communication Technology, 情報通信技術）の開発が進められ，数年以内に身近に感じられるようになる（以下，ICT は 5G や xR を含めたものを指す）。こうした技術は私たちの生活を変え，そして，ひきこもりの当事者や支援にとっての「社会参加」も変えていくことが期待される。

　筆者がカウンセリングでクライエントの話を聞く時には，その人が生活している社会で事実としてなにが起きているのかという面と，その人が体験する主観的な社会はどんなものかという面を想像しながら聞いている。なぜなら，同じ社会を生きていても，一人ひとりが体験する社会は，随分と違って感じているからだ。

　いま社会には二つの流れが強まっていると感じている。その一つは個人が尊重される社会を目指す流れ。もう一つは，自分と異なる価値観や意見を持つ人を否定したり排除したりする流れである。その二つがぶつかるところにさまざまな生きづらさが生じているように感じている。そして，その一つの

形がひきこもりではないだろうか。個人が体験する主観的な社会という視点は，ひきこもりの人の生きづらさを理解し，その支援を考えるのに役立つ。いわゆる一般論としての社会ではなく，個人が実際に体験する社会という観点から，当事者とその社会との狭間にどのような問題が生じているのかということに目を向けてみたい。

2）個人と家族の間の犠牲

「良い学校に行って，良い会社に入れば，良い人生が送れる」。

あるクライエントはこの言葉にこだわっていた。彼は話を進めていくうちに，小さい頃からこの言葉を親に言われ続けてきたことに気づいた。彼は親の言葉通りにできなかった自分を認められず，生きづらさへとつながっているのを感じた。このような人は残念ながら一人や二人ではない。

かつて流行ったその"スローガン"はもはや過去の迷信である。むしろ，現代においては「呪いの言葉」になったと筆者は思う。できなかった自分のようになってほしくないという思いで，親はその言葉を子どもに言い続けてしまうようだ。しかし，我が子を心配する親の思いが伝わるどころか，かえって子どもを苦しめることになってしまう。ジャーナリストの池上（2018）は，「現在のひきこもりを取り巻く親が昭和の価値観で我が子を潰している状況がある」と説明する。そして，それを「昭和の呪縛」と表現している。

ひきこもりは現状をどうにもできずに誰よりも苦しんでいる。一方，家族は，その存在が恥であるのように感じ，世間から隠してしまう。どうにかしたいという焦る気持ちがあるからこそ，当事者に自己責任論を振りかざしてしまうことさえある。当事者も家族も同じようにどうにかしたいとは思っているのは，なんとも切ないことだ。

2019 年 5 月 28 日，川崎での事件が起きた後，相談を受けていた川崎市精神保健福祉センターの「ひきこもり傾向にあった」という発言で，「ひきこもり＝犯罪予備軍」という認識が広がった。「一人で死ね」との批判がネットに上がる中，今度は元農林水産省事務次官である親がひきこもり傾向にあった息子の命を奪った。公判で被告は「殺害した直接の原因ではない」と否定したが，事件直後の取り調べでは「川崎市の 20 人殺傷事件を知って，長男も人に危害を加えるかもしれないと思った」と供述した。このことから，川崎の事件による何らかの影響を受けたと見られる。長男には発達的な特性や疾

患があったようである。被告である親は長男への対応に困難を感じていたと聞くと，互いに苦悩していたのだろうと思う。この事件は社会に迷惑をかける恐れから，家族という小さな社会で個人が犠牲された最悪のケースと言えるだろう。もちろん全てのひきこもりのいる家族がそうではないが，社会の最小単位と言われるその家族でも，個人が尊重されず，守られない縮図がある。

3）個人が生きづらい社会

　文部科学省（2019）によれば，53.7％の人が大学に進学し，97.6％の大学生，つまり，若者の半分近くが大卒で就職する。就活ではコミュニケーション力，論理的思考力，柔軟性があるなどの「求める人物像」が掲げられる。面接では「あなたはどんな人か」という個性も求める。しかし，入社した途端，その個性の必要はなくなって，代わりに，単なる社員の一人であることを求められる。つまり，会社が求めているのは「あなた」ではなく，「従順な社員」のようだ。多くの人はこれを受け入れている。なぜなら，それが大人だからだ。「話が違う」と言って辞めたり，意見を主張する人間は厄介で，大人げない。

　例えば，祝福されるはずの結婚や妊娠でさえ「身勝手」と非難され，育児や介護で休むにしろ，同僚に謝りながら勤務を調整しがちである。個人的な事情で他人に迷惑をかけてはいけないのだ。そのため，大多数は空気を読んで，個人的な事情や感情を押し殺して働いている。そこには，同調圧力や自己責任論が広がり，本音と建前が入り乱れている。そんな複雑で息苦しい社会が，会社という環境に広がっている。そこで弾かれていく人がいることを，少しもおかしいとは筆者は思えない。むしろ，いつ誰が弾かれてもおかしくないような社会の異常さに目を向けなければならないと思うし，うまくやって行けない方に支援をするだけの現状で良いのだろうかと疑問にも思う。

　内閣府による2015年の15歳〜39歳の若者における調査と，2018年の40歳〜64歳の中高年における調査の2つの結果の「ひきこもりになったきっかけ」を見ていくと，人付き合いや社会との関わりに関係しているものが多い。果たして，これらは個人に帰属できるものばかりなのであろうか。帰属とは，出来事や他人の行動や自分の行動の原因を説明する心的過程のことだ。つまり，誰かもしくは何かのせいにすることである。

　例えば，人との関わり合いを積極的に持ちたい人もいれば，そうでない人もいる。しかし，一部の人は人と関わりを持たない，あるいは持てない人を異物として扱いたがる。「コミュ障」という言葉が典型だ。その背景には，前述の人材確保において企業が求める人物像の一つに，高いコミュニケーション能力をあげていることが影響しているという。就職面接で内定がもらえない状況や何度も転職するような状況が続くと，就職できない原因は自分にあると帰属する。しかし，よく考えてみてほしい。そこにある事実は，人との関わりを積極的に持たなかったり持てなかったりする人がいるということ，そして，そのような特性を持つ人とうまく接することができない人や拒否的に扱う人がいるということだ。そうは言っても，問題に感じるのも，問題にされるのも前者だ。必ず人付き合いをしなければいけないかのような社会がある。だから，生きづらさが生まれるのだろう。

　厚生労働省が毎年作成している「厚生労働白書」の中で，ひきこもりは「社会活動を行うのに困難を有する者」と表現されている。そして，「個々人の状態に応じて，日常生活自立，社会生活自立，経済的自立といったその人にふさわしい自立を目指すことができるよう，包括的・継続的な支援の実施」が必要としている。

　個々人の状態に応じて，その人にふさわしい自立を目指すことを目的とした支援が想定されていることがわかる。実のところ，これは社会でうまくやっていけない個人を社会に適応させていく支援ではないだろうか。例えば，働ける状態になった人が空白期間のある履歴書に理解を示す会社で働くことになったとしても，それに否定的な同僚と働くことになれば，その支援は水の泡になってしまうだろう。その人にふさわしい自立を実現するには，支援を要する者への支援に加え，受け入れる環境としての人への働きかけも必要ではないだろうか。それが包括的で継続的な支援の実施になるのではないだろうか。

　このように見ると，ひきこもりをはじめとする生きづらさを感じ，弾かれてきた人の体験してきた社会の実際とは，家族，近所，学校，会社にいる「人」なのだ。そして，その相互作用の中でのさまざまな不一致や不和によって，個人の中に大きな辛さを残していることがわかる。

2．ICT は可能性を広げる

1）ICT を使った支援や治療

5G は「超高速通信」，「超信頼・低遅延通信」，「多数同時接続」を実現する。これまでの「通信が速くなる」という進化だけでなく，「信頼性が高く遅延の少ない通信」「大規模に存在する端末が同時に接続できる通信」という非連続な進化となることを意味している（亀井，2019）。実現すると，2 時間の映画は 3 秒でダウンロードできる。遠隔操作が可能になるため，海外の名医の手術を日本で受けられる。さらに期待されているのは，ネットワークに接続された自動運転のコネクテッドカーが多数走る街だ。このような例以上に新しい価値を生み出す可能性を秘めている。その影響で，今後の我々の生活や習慣，働き方，社会のあり方が大きく変わっていく可能性が大きい。

亀井（2019）によれば，VR や AR 等の xR にとって 5G は有効なサービスだ。2019 年 3 月にはソフトバンクは福岡ヤフオク！ドームで VR を用いた多視点切替可能なライブ映像のリアルタイム配信をした。利用者はスタジアムに足を運ぶことなくリアルな野球観戦が楽しめたり，離れた場所にいる家族や友人同士があたかも同じスタジアムで観戦できたりといった新たな体験が可能になるという。

ICT は人の営みをもっとオンライン化していく。人と話したり，働いたり，遊んだり，支援や治療を受けたりすることがもっとオンラインでできるようになる。それは家にいながらできることをもっと増やすことになる。これが世間一般に広がると，ひきこもりが家にいながら社会参加を叶えることになるかもしれないと筆者は期待している。ここでは，ひきこもりに対する支援や当事者活動の現状を見ながら，ICT を生かした場合にどのようなことが可能になるのか，その可能性を考えたい。

ICT はすでにメンタルヘルスの分野にも広がりを見せている。オンラインカウンセリングを提供している株式会社 cotree はその一例だ。全国の心理カウンセラーを選ぶことができ，希望の日時にスマホやパソコンでカウンセリングを受けられるサービスを提供している。総務省（2019）によれば，主なソーシャルメディア系アプリの利用率において LINE が最も高く，全年代では 2017 年調査の 75.8％から 82.3％と増加している。それに伴い，LINE に

よる相談も増えている。このような状況から，LINE 株式会社は，文部科学省の「SNS 等を活用した相談事業」に対し，青少年が気軽に相談できる環境を文部科学省とともに目指すため協力を申し出ている。行政による LINE でのひきこもり相談は，未だ試行段階のところが多いなか，神奈川県では「かながわ子ども・若者総合相談 LINE」を開設し，ひきこもりの相談に応じている。内閣府は，ひきこもりや不登校を抱える 40 歳未満の人を想定し，市町村などが会員制交流サイト（SNS）上で相談を受けるシステム作りを始めるとしている。このように，LINE 等の SNS による相談の間口も広がっている。

　VR は目元に VR ゴーグルという装置を身につけることで，視界の 360 度が覆われ，非常に現実に近い世界に没入するような感覚をもたらす。一般に「バーチャル」や「ゲーム」は否定的な扱いをされやすい。ゲームは現実と虚構の区別を曖昧にし，犯罪を助長するなどと言われきた。川崎の事件でも「部屋にゲーム機があった」との報道があり，それに対して批判的な声も上がった。しかし，ゲームと犯罪の関連性があるという結論は出ていない。VR はそのゲーム業界によって後押しされ，いまや広大で鮮明な仮想世界を作り上げることができる。その潜在的な力は医療業界，特にメンタルヘルスの分野で活かされることが期待されている。Web 雑誌の WIRED では，過去の VR 研究について次のように報告している。

　オックスフォード大学の精神科医たちは，英国の国民保健サーヴィス（NHS）とバルセロナ大学の研究者たちと共同で，ヴァーチャルリアリティ（VR）技術を使った精神科治療に関する過去すべての研究結果を分析した。そして，いまだ汎用的ではないものの，特定の分野に関しては VR 技術を臨床試験や民間療法として利用できるとした。

　論文の主執筆者であるオックスフォード大学のダニエル・フリーマン教授（臨床心理学）は『WIRED』UK 版に対し，「全体的に見て，VR にポテンシャルがあることは明らかです」と述べている。

　「非常に明確なのは，VR が不安障害に対して有効だということです」と，フリーマンは言う。「特定の状況に恐怖を感じる人々に対してそれが安全であることを感じさせ，不安を軽減することができるのです。優秀なセラピストとの面談と同じくらい効果があります」。

　ここでは VR の治療効果を紹介したが，VR そのものには治療以上の可能性があることにも注目してもらいたい。

2）ICT は当事者と支援をつなぐ

　佐賀県の「さがすみらい」では，臨床心理士らによるひきこもりに対する
アウトリーチ型の支援が行われ，効果を上げている。効果的な支援も残念な
がら支援対象者は佐賀県内に限られるという支援提供側の行政上の問題があ
る。一方，いざ支援を受けるとなると，対人的な不安や恐怖感，本人の意向
に沿わない支援への抵抗感などによって支援に至らないという利用者側の問
題が起こりやすい。ICT を活用すれば，まず相談に対する心理的な抵抗感を
下げやすい。映像で見られる VR コンテンツは，施設の雰囲気や構造，支援
者の雰囲気や相談の様子が，実際にその場を訪問したように体験できる。話
しかけられている構成にすれば相談のイメージもしやすい。映像や声，話し
ぶりから「この人になら相談ができそう」という安心感を作りやすくなる。
すぐに相談者側の顔を見せなくても良いこととしておけば，他者と接するこ
との抵抗感のある当事者ともつながりやすくなるかもしれない。オンライン
で関係作りができれば，相談にもつながりやすくなる。利用者はスマホと VR
ゴーグルを用意すればよい。このように，これまでつながりづらかった当
事者への支援のきっかけを作ることが期待できる。支援者にもメリットがあ
る。VR を利用して行われた当事者へ支援活動を録画から振り返り，より良
い支援を検討することができる。プライバシーへの配慮は必須だが，検討さ
れることがわかっているだけで，客観的な視点を忘れずに当事者の立場に立
った支援をしやすくなる。これは支援者育成のための教材コンテンツとして
も，記録としての利用としても有効だ。

　池上氏は「ひきこもりフューチャーセッション庵（IORI）」という居場所を
続けている。「ひきこもりが問題にならない社会って，どんなんだろうね？」
というテーマで当事者同士で語り合える。定期的に開催し，100 人以上の参
加者が集まっている。その中で，当事者がファシリテーターとして活躍する
ようになるなど，当事者が主体的に動いている。そして，当事者同士がさま
ざまな人と出会う所でもある。この他，ぼそっと池井多氏が主宰する「ひ老
会（ひきこもりと老いを考える会）」という当事者発信のプロジェクトもあ
る。こちらは，いわゆる 8050 問題をひきこもりの立場から当事者同士で語
る目的で開催されている。

　ICT はこのような当事者活動においても有効に活用ができる。似た境遇に
ある人がいると思っても，会場に足を運ぶのは非常に勇気がいる。そのよう

に行くか行かないか選択肢で迷っている当事者にとっては，まずはオンラインで VR を利用して過去に行われた対話グループを視聴するのが役に立つだろう。そこで，どんな話をしているのか，ただ聞いているだけでもいいのか，などを実際に参加しているかのように体験して確認することができる。大丈夫そうであれば，自宅にいながら参加することが可能になる。途中で帰るのも帰りづらい会場と比べて，VR 参加であれば，やめたいときはすぐにやめられるのもメリットだ。参加に二の足を踏んでいた当事者の背中を押すことになりそうだ。

　このように現在おこなわれている支援や活動に，ICT を組み合せて活用することによって，ひきこもりの当事者が支援や当事者同志とよりつながることができ，問題を 100％解決することはできなくとも，現状を共有し，辛さを少しでも減らせることを期待したい。

3．ICT は生き方の選択肢を増やす

　2020 年，これほどまでに生活が一変するとは誰も想像はしていなかっただろう。そして，covid-19 の感染防止のため，筆者も ICT がこれほど浸透するとも想像しなかった。大学生はオンラインでの学習に切り替わったところも多い。テレワーク（時間や場所の制約を受けずに，柔軟に働くことができる形態）を推奨する会社も増え，自宅で仕事をしていた人もいた。感染抑制とともにその数は減っているだろうが，テレワークを利用できる会社が増えたことや，自宅で働く選択肢があるということを多くの人が知ることができたのは意義がある。

　今後，covid-19 の影響によらず，さまざまな仕事がテレワーク化していくだろう。家にいながら建築現場で建機を操作したり農作物の管理をしたりなど，技術職の仕事もオンラインで可能になる。自宅で働くと，オンとオフの切り替えが難しいことや作業環境の確保が難しいなどの弊害は生じる。しかし，それでも学ぶ，話す，遊ぶ，集まる，体験するなど，私たちの日常の営みに ICT がますます活用されていく動きはきっと止まることはない。

　「休日ひきこもり」という言葉がある。平日は外で働き，休日に自宅で過ごしがちの 20 代男性を指す。実は，20 代の男性の外出率は低く，休日の外出率は全年齢の男性が 61.6％に対し，20 代男性は 51.1％である（国土交通

省，2016）。ひきこもり親和群（内閣府，2015）とまでは言わないが，それと似た「自宅にいがちな状態」が普段働いている20代男性の多くに見られている。そして，彼らが自宅で何をしているのかというと，インターネットだというから非常に興味深い。生活がオンライン化していくなかで，人々は若者に限らず家にいがちになっていくのかもしれない。そんな社会の中でICTが進んでいくと，ひきこもりは自分の「生き方」を模索しやすくなるのではないだろうか。例えば，ひきこもっていながらオンラインで働いたり，ひきこもっていながらオンラインで人付き合い持ったりすることができるようになるからだ。

　ひきこもり当事者で，かつ，庵（IORI）でディレクターを務める川初真吾氏は次のように述べている。「ひきこもりというのは問題だというのが一般の認識だけど，僕は逆で，ひきこもりというのは問題に対する答えだ」。

　筆者は川初氏が述べるように，当事者が主体的であるなら「家にいる」ことがあってよいと思う。それが自らの生き方を模索する過程でもあるからだ。もし「家から出る」ことを望む時が来たなら，必要に応じて治療を勧め，支援をし，その人が「自分らしい」選択肢を探していけるよう支えたい。それが多様な個人を尊重する社会につながると思うからだ。

　このように，社会と個人との関わりを見ていくと，ひきこもりとは社会と個人の間に生じた問題のように思えて仕方がない。ひきこもりを理解しようとすると，家族，友人，学校，会社といった社会との関わりが見えてくるからだ。その社会と個人の関係の間にICTが入ることで，ひきこもりにとっての新しい選択肢を与えることになるはずだ。例えば，こんな人も出てくるだろう。つまり，自宅でテレワークをしていているため，ほとんど家にいて直接会う友人もほとんどいない。しかし，オンラインで特定の人との付き合いも維持できている。運動のためにたまに外を走ることもある。例えばその人が家族にひきこもりだとされた時，本人の意思に反して外へ引き出したり，治療を受けさせる必要が本当にあるのだろうか。

　改めて，ひきこもりにとっての社会参加とは何かを考えたい。会社に勤務することだと捉える当事者も家族もいる。そうした支援者もいるもしれない。しかし，すでに会社に正社員として勤め続けること自体，当たり前ではなくなってきている時代だ。個人的な困難を抱えながら，個人の心身や生活を犠牲にして無理に会社に合わせて生きている人も多いのではないだろうか。も

はや誰もが横並びでいることが難しい社会なのだ。そこでは，社会に参加しないという選択肢を望む人もいるかもしれない。一方で，それをいま決められずに，ひきこもりという「一時的な答え」の中で，自らの生き方を模索する人もいる。今を尊重したいと筆者は思う。最後に，その生き方を共に模索する者として臨床心理士などの専門家もいることを記しておきたい。

引用文献

藤田孝典（2019）中高年ひきこもり—社会問題を背負わされた人たち．扶桑社新書．
池上正樹（2018）ルポ　ひきこもり未満—レールから外れた人たち．集英社新書．
亀井卓也（2019）5G ビジネス．日本経済新聞出版社．
国土交通省（2016）第 6 回全国交通特性調査結果．
厚生労働省（2018）平成 30 年厚生労働白書．
厚生労働省（2019）プレスリリース「平成 31 年 3 月大学等卒業者の就職状況を公表します」5 月 17 日．
文部科学省（2019）令和元年度学校基本調査速報値．
内閣府（2010）若者の意識に関する調査（ひきこもりに関する実態調査）．
内閣府（2018）生活状況に関する調査（平成 30 年度）．
内閣府（2019）我が国と諸外国の若者の意識に関する調査（平成 30 年度）．
斎藤環（1998）社会的ひきこもり．PHP 研究所．
消費者庁（2017）平成 29 年版消費者白書．
総務省（2019）平成 30 年度情報通信メディアの利用時間と情報行動に関する調査報告書．
高塚雄介（2002）ひきこもる心理とじこもる理由—自立社会の落とし穴．学陽書房．
高塚雄介（2018）「心の健康」「ひきこもり」研究小史．敬心・研究ジャーナル，2(2), 1-9.

参考記事

オンライン診療　疾患限定，普及進まず　導入 1 %．産経新聞（2019 年 5 月 3 日）https://www. sankei. com/life/news/190503/lif1905030034-n1. html
Forget the VR hype. In healthcare, it's making a real difference. WIRED（2019 年 1 月 7 日）https://www. wired. co. uk/article/virtual-reality-therapy-cancer-depression
（記事中のダニエル・フリーマンらの論文：Freeman, D., Reeve, S., Robinson, A., et al. (2017) Virtual reality in the assessment, understanding, and treatment of mental health disorders. *Psychological Medicine*, **47**(14), 2393-2400.）
「休日ひきこもり」男子が増加傾向，背景と夏休みの過ごし方の変化．エキサイトニュース（2019 年 7 月 15 日）https://www. excite. co. jp/news/article/Toushin_12186/?p=3
「休日引きこもり」派に聞いた，おうち満喫ホリデープランとは．マイナビウーマン（2019 年 8 月 13 日）https://woman. mynavi. jp/article/190813-4/
「バーチャル・リアリティがメンタルヘルスの新たな道を開く」．マイクロン日本 https://jp. micron. com/insight/virtual-reality-opens-new-paths-to-mental-health
5G の実用化でできること 10 選。最近話題の "5G" って何？．Workship MAGAZINE （2019 年 3 月 11 日）https://goworkship. com/magazine/what-5g-can-do/

VR ってどんな意味？　VR のしくみと活用事例. エレコム https://www. elecom. co. jp/
pickup/column/vr_column/00001/

索　引

□ **わ行**

執筆者一覧

影山隆之（大分県立看護科学大学精神看護学研究室）
高塚雄介（明星大学名誉教授）＝編者
寺脇　研（星槎大学大学院教育学研究科特任教授）
田中治彦（上智大学名誉教授）
阿部幸弘（公益財団法人北海道精神保健推進協会・こころのリカバリー総合支援センター）
安保麻衣子（公益財団法人北海道精神保健推進協会・こころのリカバリー総合支援センター）
樋口正敏（公益財団法人北海道精神保健推進協会・こころのリカバリー総合支援センター）
三上雅幸（公益財団法人北海道精神保健推進協会・こころのリカバリー総合支援センター）
小泉典章（長野県精神保健福祉センター）
秋田敦子（特定非営利活動法人わたげの会）
髙橋淳敏（ニュースタート事務局関西）
池上正樹（KHJ 全国ひきこもり家族会理事・ジャーナリスト）
ロザリン・ヨン（秋田大学大学院医学系研究科，特定非営利活動法人・光希屋（家）代表）
菅野　綾（八王子市子ども家庭支援センター）
鈴木健一（あしかがメンタルクリニック，公認心理師・臨床心理士）

編者紹介
高塚雄介（たかつか ゆうすけ）
中央大学文学部哲学科卒。
中央大学学生相談室，早稲田大学健康管理センター，常磐大学を経て，明星大学教授・大学院人文学研究科長，明星大学名誉教授。
この間，精神科クリニック臨床心理士，東京学芸大学学生相談室員，東京都教育相談センター・東京都児童相談センタースーパーバイザーなどを務める。約40年間に渡り，さまざまなタイプのひきこもりの対応と，研究にあたる。
現（一社）メンタルヘルス・ビューロー理事長。
（公財）日本精神衛生会理事，元日本精神衛生学会理事長。（公財）日本臨床心理士資格認定協会評議員。

主な著書：
「ひきこもる心理　とじこもる理由」（学陽書房，2002），「改訂版 電話相談の実際」（共著，双文社，2020），「学校メンタルヘルス実践事典」（編著，日本図書センター，1996），「人間関係と心の健康」（編著，金剛出版，2000），「学校社会のカウンセリング」（編著，学文社，2000），「臨床心理学 やさしく学ぶ」（共編，医学出版社，2009），「電話相談活用のすすめ　心の危機と向き合う」（共編，遠見書房，2015）

ひきこもりの理解と支援
孤立する個人・家族をいかにサポートするか

2021年3月25日　初版発行

編　者　高塚雄介
発行人　山内俊介
発行所　遠見書房

〒181-0002　東京都三鷹市牟礼 6-24-12
三鷹ナショナルコート 004 号
TEL 0422-26-6711 FAX 050-3488-3894
tomi@tomishobo.com　https://tomishobo.com
遠見書房の書店　https://tomishobo.stores.jp/

印刷・製本　モリモト印刷
ISBN978-4-86616-119-8　C3011
©Takatsuka Yusuke, 2021
Printed in Japan

※心と社会の学術出版　遠見書房の本※

遠見書房

ひきこもり、自由に生きる
社会的成熟を育む仲間作りと支援
宮西照夫著
40 年にわたってひきこもり回復支援に
従事してきた精神科医が, ひきこもりの
社会背景や病理, タイプを整理し, 支援
の実際を豊富な事例とともに語った実用
的・実践的援助論。2,200 円, 四六並

コミュニティ・アプローチの実践
連携と協働とアドラー心理学
箕口雅博編
コミュニティのなかでどう動き, 協働し,
効果ある実践を行うか。この本は, 心理・
社会的なコミュニティへの支援のすべて
描いたもので, 多くの読者の臨床現場で
役立つ一冊である。3,800 円, A5 並

家族心理学──理論・研究・実践
ソバーン&セクストン著/若島・野口監訳
アメリカで一番優れた家族心理学の教科
書が邦訳刊行。家族の心理的, 文化的,
社会的な問題から家族療法まで, 家族に
関わるすべての心理学を網羅したファー
ストチョイスに足る 1 冊。ベテランから
入門者まで必読。3,700 円, A5 並

こころを晴らす 55 のヒント
臨床心理学者が考える 悩みの解消・
ストレス対処・気分転換
竹田伸也・岩宮恵子・金子周平・
竹森元彦・久持 修・進藤貴子著
臨床心理職がつづった心を大事にする方
法や考え方。生きるヒントがきっと見つ
かるかもしれません。1,700 円, 四六並

公認心理師の基礎と実践　全 23 巻
野島一彦・繁桝算男 監修
公認心理師養成カリキュラム 23 単位の
コンセプトを醸成したテキスト・シリー
ズ。本邦心理学界の最高の研究者・実践
家が執筆。①公認心理師の職責〜㉓関係
行政論 まで心理職に必須の知識が身に
着く。各 2,000 円〜2,800 円, A5 並

中釜洋子選集　家族支援の一歩
システミックアプローチと統合的心理療法
（元東京大学教授）中釜洋子著
田附あえか・大塚斉・大町知久・大西
真美編集　2012 年に急逝した心理療法
家・中釜洋子。膨大な業績の中から家族
支援分野の選りすぐりの論文とケースの
逐語を集めた。2,800 円, A5 並

ブリーフセラピー入門
柔軟で効果的なアプローチに向けて
日本ブリーフサイコセラピー学会 編
多くの援助者が利用でき, 短期間に終結
し, 高い効果があることを目的にしたブ
リーフセラピー。それを学ぶ最初の 1 冊
としてこの本は最適。ちゃんと治るセラ
ピーをはじめよう！2,800 円, A5 並

自閉女（ジヘジョ）の冒険
モンスター支援者たちとの遭遇と別れ
（自閉症当事者）森口奈緒美著
自閉症の当事者文学として衝撃を与えた
『変光星』『平行線』の森口さんの自伝の
最新作です。今回の『自閉女の冒険』は
30 歳前後から現在までの 20 年にわた
る物語。1,800 円, 四六並

発達障害のある子どもの
性・人間関係の成長と支援
関係をつくる・きずく・つなぐ
（岐阜大学）川上ちひろ著
ブックレット：子どもの心と学校臨床
（2）友人や恋愛にまつわる悩みや課題。
多くの当事者と周辺者の面接をもとに解
き明かした 1 冊です。1,600 円, A5 並

N: ナラティヴとケア
ナラティヴがキーワードの臨床・支援者
向け雑誌。第 12 号：メディカル・ヒュー
マニティとナラティブ・メディスン（斎
藤・岸本編）年 1 刊行　1,800 円

価格は税抜です